傑出猶太人枕邊書

陳大為——編著

前言：猶太人人口只占世界千分之三，為什麼不是精英就是富豪？

西方流傳著這樣一句話：「世界上的智慧，裝在中國人的腦袋裡；世界上的財富，裝在猶太人的口袋裡。」由此可見，全世界對猶太人經商能力的肯定。

據統計，猶太民族是目前世界上最富有的民族，有「世界的金穴」之美名。猶太人在世界所占的比例僅為千分之三，卻掌握著世界經濟的命脈。美國的猶太人所占的人口比例為百分之三，但根據《財富》雜誌所評選出的美國超級富翁之中，猶太籍企業家卻高達百分之二十以上；在全世界最有錢的企業家中，猶太民族更是占了一半。

其實，猶太人的成功並不只展現於商業領域，他們在政治、科學研究、軍事、教育等領域都有出類拔萃的人才，例如愛因斯坦、蕭邦、馬克思、佛洛伊德、索羅斯等，都是猶太人。

為什麼猶太人能夠取得如此巨大的成功呢？

傑出猶太人具有一些獲得成功的特質，正是靠這些特質，猶太民族在商界能夠一枝獨秀。

猶太人的成功並非不勞而獲。「勤奮」是他們取得成功的根本原因。只有勤勞的民族才能獲得巨大的財富，才能被全世界認可。

傑出的猶太人都是行動的巨人，他們不會把自己的想法僅僅表現在口頭上。看準機會、迅速出擊是他們最擅長的手法，也是他們迅速獲得財富的重要途徑。

猶太人的成功與他們的人品和處世技巧是分不開的。與他們共事讓人覺得舒服、放心，因為他們不會為了自己的利益去侵犯別人的權益。

猶太人不隨便簽定合約，但是他們信守承諾。即使是口頭承諾非書面的協定，只要雙方接受，他們就會依照約定辦事。重視信用、遵守約定的美德，為猶太人贏得了美譽，也是他們在商業場上獲得成功的重要因素之一。

猶太人在談判桌上很有一套，他們認為談判是沒有硝煙的戰爭，精闢的三言兩語就能打動人心，口若懸河的長篇大論，如果無法打動人心，也終將導致失敗。所以在談判時，總是特別小心謹慎，決不隨便亂說，盡可能地做好準備工作。因而，猶太人在談判時總是能夠做到幽默風趣、從容不迫、應對自如，且能隨心所欲地控制著良好的談判氣氛，最終達到自己想要的結果。

猶太人能夠做到世世代代經商成功，很重要的原因是他們將知識視為最穩妥的財富，他們有著對宗教般虔誠的求知精神，並世代相傳。無論是科技界、思想界、文化界、政界，還是商界，都對他們的求知精神給予了豐厚的回報。

猶太人擁有大量的成功經驗，翻開本書，你將開啟猶太人取得成功的經驗寶庫。

每個人都希望自己能夠成為一個成功者，希望自己能夠成為財富的掌門人。然而，天上不會掉下餡餅，不經歷風雨怎能見彩虹！

希望你能透過閱讀本書，從猶太人的成功經驗裡，激發出屬於自己的靈感，點燃智慧的火花，促使自己總結過去，開啟輝煌的未來。

目次

貳／傑出猶太人是行動的巨人

叁／猶太人信奉「勤奮是成功的基石」

肆／堅持做事先做人

伍／傑出猶太人擅長靈活的處世技巧

玖／傑出猶太人善於談判

壹／

傑出猶太人的成功特質

猶太人在全世界的優異表現眾所皆知，尤其在商界中取得的至高成就。

猶太人能有如此傑出的表現，是因為他們具有一些成功所必需的特質。

向猶太人看齊，就是要養成「成功者的特質」。

1. 志向遠大，意志堅定

古人云：「人無志不立。」在人的一生中，最重要的就是要樹立遠大的志向，確立好自己的目標，並以足夠的才能和堅強的忍耐力來實現它。人因夢想而偉大，對於夢想的追求正是促使人類前進的動力。猶太人深知這個道理，因此猶太的孩子很早就知道要確立人生的目標，並為此奮鬥不懈。

偉大的物理學家愛因斯坦就是一個很好的例子。他對物理學的興趣確立得很早，在童年時期，他就對宇宙的奧祕充滿好奇，雖然在學生時代成績並不出色，但在物理和數學上卻能得到不錯的成績。十七歲時，他進入蘇黎世的聯邦技術學院就讀，專攻物理和數學。

愛因斯坦對於學習很有自己的定見，他認為數理科目各自有許多專門領域，每個領域都足以耗去一個人短暫的一生，漫無目的的學習，只能得到一般的知識，所以他很快釐清自己的目標，選定了非歐幾何（Non-Euclidean geometry）深入鑽研。一九〇五年，他二十六歲，發表了六篇重要論文，在光電效應、布朗運動和狹義相對論等領域取得了重大的突破，這一年被稱為「愛因斯坦奇蹟年」。之後他發表無數論文，更於一九二一年榮獲諾貝爾物理學獎的殊榮，成為影響二十世紀最深遠的物理學家。

鎖定目標，才能提高報酬率

精明的猶太人懂得衡量實際的環境，訂立合理的目標，他們不會好高騖遠，不會讓目標成為遙不可及的幻想。因為他們知道夢想可以一步步實現，幻想卻永遠到不了。

猶太人把人生比喻為一場旅行，沒有地圖、沒有目標、計畫和時間表，就容易迷路；反之，有一個慎重考慮、現實且明確的目標，就很容易到達成功的彼岸。明確的目標就像燈塔，指引前進的方向；而虛幻的目標則會將人帶入一片迷霧中失去方向。因為當目標無法實現，不管如何積極都是徒然，反而讓人變得消極迷惘。

雖然人有無限潛力，但時間和精力卻很有限，如何在有限條件下創造最大可能，對於猶太商人來說，最簡單的方式莫過於鎖定目標，全神貫注。因為一個人不管有多少能力或才華，若不能妥善運用，將它聚焦在特定的目標上，並一直保持專注，那麼將永遠無法取得成就。就像傑出的獵人，在他每次射擊之前，他瞄準的必定是一隻鳥，而不是一群鳥。

目標是成功路上的里程碑，傑出猶太人認為它具有極大作用。

作用一：產生積極性

猶太人認為，人一旦給自己訂下目標之後，目標就有了作用，它是努力的依據，也是一種鞭策。特別對商人來說，目標必須是具體、可實現的，以免降低你的積極性，因為目標是動力的源泉。

作用二：產生成就感

目標給你一個看得見的夢想，隨著你努力實現這些目標，你就會有成就感。對許多企業經營者來說，制訂和實現目標就像一場比賽，隨著時間的推移，逐一實現目標，這時思想方式和工作方式也會漸漸改變。

作用三：避免成為瑣事的奴隸

猶太人是一個精明的民族，他們認為人的一生中有太多瑣事糾纏，應該過得輕鬆一些。而確定了目標，就可以知道事情的輕重緩急，避免陷入日常事務中。

作用四：發揮更大的潛能

沒有目標的商人是可悲的，因為他們經常把精力放在小事上，而忘了自己本來應該做些什麼，徒有一身巨大的力量與潛能。具體地說，要發揮潛能，你必須全神貫注於自己有優勢且具有高回報的方面，而目標有助於集中精力。「全神貫注」讓自己立於不敗之地，若能在占有優勢的方面深入挖掘，這些優勢將會進一步得到發展，爭取到更高效率的回報。

作用五：把握現在

目標可以使人更好地掌握現在，透過努力，實現自己的目標。有目標、有理想，還必須腳踏實地，不要想一步登天，理想並非一蹴可幾，它通常是由一連串小任務和小步驟所組成。所以，必須要集中精力去完成眼前的工作，理解並體認現在的種種努力都是為了將來的目標鋪路。

設定目標的三大重點

在現實生活中，常可以看到一些商人甚至企業主管埋頭苦幹，卻不知所為何事，到頭來，發現迷失了方向，卻為時已晚。猶太人很少迷失自己，因為他們認為，作為企業的領導者，只要掌握真正的方向就可以了。而一個沒有目標的領導者就像一艘沒有舵的船，永遠漂流不定，只會到達失望和喪氣的海灘。

目標是人的一生中都為之奮鬥不息的，猶太人設定目標時，特別要求必須做到以下幾點：

1.目標必須是長期的

猶太人認為，一個人如果沒有長期的目標，很容易會被眼前的挫折擊倒，所以必須時時將目標放在心裡。也許偶爾會有人擋住你的道路，故意阻止你進步，但是要記住，其他人可以使你暫時停下腳步，而唯一能讓你放棄的人，就只有你自己。所以，如果一個人沒有長期的目標，暫時的阻礙就可能構成無法避免的挫折；如果有了長期的目標，你則可以做大。每一次的挫折可以是進步的踏腳石，而不會是絆腳石，唯有把挫折當成進步的墊腳石，才能超越挫折，從中得到教訓，向成功的道路上向前跨一大步。

2.目標必須是特定的

不管你具有多少能力或才華，如果不懂得將它聚焦在特定的目標上，並一直保持在那，那麼你將永遠無法取得成就。成功的獵人，並不是向鳥群射擊，而是每次選定一隻鳥作為特定的目標。

3.構築目標的實踐

向猶太人學習反省思考的習慣吧！每天給自己一些時間，用於反省、思考。避開一切干擾，不要讓人打斷你的思路。想想自己走過的路，是否能正確通往心中的目的地。若是偏離了，請及時回頭；若是筆直無誤，也請給予自己肯定的掌聲。這個自我剖析的過程也許不容易，但經由反思，一定可以更清楚地掌握方向，讓你更靠近成功的彼岸。

2.積極看待一切

人類最大的弱點就是自貶，亦即廉價地出賣自己。幾千年來，很多哲學家都忠告我們：要認識自己，只是大部分的自我評估包括了太多的缺點、錯誤與無能。認識自己的缺點是很好的，可藉此謀求改進。但如果只看自己的消極面，就會陷入混亂，使自己變得沒有什麼價值。因此，要正確、全面認識自己，絕不要看輕自己。

遣詞造句就像一部投影機，把你心裡的意念活動投射出來，它所顯示的圖像決定你自己和別人對你的反應。例如，你對一群人說：「很遺憾，我們失敗了。」他們會看到什麼畫面呢？他們看到了「失敗」這兩個字眼所傳達的打擊、失望和憂傷。如果是說：「我相信這個新計畫會成功。」他們就會振奮，準備再次嘗試。因此，傑出猶太人常用以下四種自我調節方法：

方法一：用積極、愉快的語句來描述你的感受

當有人問你：「你今天覺得怎麼樣？」你若回答說：「我很疲倦」、「我感到不怎麼好」等負面情緒的話語，別人就會覺得很糟糕。所以，你要練習做到以下的方法，它很簡單，卻有無比的威力。當有人問：「你好嗎？」或「你今天覺得怎麼樣？」你要回答：「好極了。謝謝你，你呢？」在每一種時機說你很快樂，就會真的感到快樂，也會使你更有分量，為你贏得更

多的朋友。

方法二：用明朗、快活、有利的字眼來描述別人

當你與他人談論第三者時，要用建設性的詞句來稱讚他，例如「他真是一個很好的人」或「他很出色」。絕對要小心避免說破壞性的話，因為第三者最終會知道你的批評，進而反過來打擊你。

方法三：用積極的話去鼓勵別人、去稱讚人

每個人都渴望被稱讚，每天讚美妻子或丈夫並稱讚和你一起工作的夥伴。真誠的讚美是成功的工具，要不斷使用它。

方法四：用積極的話對別人陳述你的計畫

當人們聽到類似「這是個好消息，我們遇到了絕佳的機會」的話時，心中自然就會升起希望。當人們聽到「不管我們喜不喜歡，都得做這工作」時，內心就會產生沉悶、厭煩的感覺，行動反應也會跟著受影響。所以，要讓人看到成功的希望，才能贏得別人的支持；要看到未來的發展，不要只看現狀。

自我暗示以提升積極性

所謂的「優點」是指任何你能運用的才幹、能力、技藝與人格特質，這些優點也是使你能有貢獻、能繼續成長的要素。但你知不知道自己所有的優點？你能不能說出這些優點？當別人問起你有什麼缺點的時候，很快地就羅列出一大堆。

大多數的人都被灌輸了一個觀念：講自己有哪些優點是不對的，講自己有哪些缺點是絕對應該的。這種做法既不合人性，也表示不誠實。肯定自己的優點絕不是吹牛，而是誠實的表現。

猶太人利用上述四種自我暗示的方法，讓自己的優點產生巨大的作用。你應該真正清楚自己有哪些優點，因為要成功就一定得好好地利用自己的優點。

「你千萬不要吝於讚美別人，也不要忘記稱讚自己。」這是猶太人在商場中的一句名言。有些時候，我們難免會害怕表達自己的感受，不好意思彼此讚賞的習慣，一時要改變也許不可能，只要你耐心地去練習和實踐，成功一定會屬於你的。

俗話說得好：「在別人提起你的優點時，千萬別說（也別想）『你還沒真正瞭解我』，請你一定要接受自己的優點。」因此，花些工夫把自己的優點弄清楚，不斷地去發現更多的優點、培養新的優點，並盡力抓住一切機會去開發潛能，千萬不要糟蹋才能！

3. 善於運用智慧

幾千年來，猶太人不斷遭受迫害，成為流浪世界的商人，他們雖熱愛賺錢，卻不執著於金錢，有形的財產隨時可能被掠奪，他們更重視的是無形的智慧，因為智慧才是他們賴以生存的精神資產。

如果問猶太人：「人生最重要的是什麼？」猶太人一定會回答：「智慧。」智慧來自猶太人的宗教傳統，父母從小就教育他們：智慧比財富和地位都重要。

智慧是永遠相隨的財富

「假如有一天，你的房子被燒毀，你的財產被搶光，你將帶著什麼東西逃跑呢？」母親問。

「錢。」一個孩子回答說。

「鑽石。」另一個孩子這樣說。

「有一種沒有形狀、沒有顏色、沒有氣味的東西，你們知道是什麼嗎？」母親繼續問。

孩子們左思右想，怎麼都想不出答案。

母親笑了，說：「孩子，你們要帶走的東西不是錢，也不是鑽石，而是智慧。智慧是任何人都搶不走的，只要你還活著，智慧就永遠跟隨著你，無論逃到什麼地方，你都不會失去它。」

許多猶太母親都這樣教育自己的孩子。因此智慧的觀念深深紮根在猶太人心中。

在猶太人的社會，幾乎每個人都認為：學者遠比國王偉大，也遠比富翁偉大。有一句猶太諺語這樣說：「赫黑姆和富翁誰偉大？當然是赫黑姆了。因為赫黑姆知道金錢的可貴，而有錢人卻不知道智慧的可貴。」

在猶太人心中，學者才是人們尊敬的重要人物。從猶太人將學者放置於所有人之上，就可以看出猶太民族是多麼重視智慧。這一點是猶太民族引以自豪的傳統，因為其他民族往往把王侯、貴族，軍人或商人的地位放在學者之上。

學習不只是模仿，而是思考的基礎

猶太人認為，學習知識的目的是增長智慧。猶太民族非常看重學問，但是與智慧相比，學問也略低一籌。他們把僅有知識而沒有智慧的人，比喻為「揹著很多書本的驢子」。猶太人認為知識是磨練智慧而存在的。如果蒐集累積大量知識卻沒有消化吸收，就等於徒然堆積許多書本而不用，同樣是一種浪費。

一項統計數字說明，在美國，受過高等教育的猶太人是美國社會平均水準的五倍。猶太人是世界上最愛閱讀的民族，在以色列平均每人讀書量世界第一，圖書館及出版社數量世界最多，全國有四分之一的人有借書證。猶太人對於知識與學習的重視不言可喻。

猶太人也蔑視制式的學習，他們認為制式的學習只是一味地模仿，而不是任何創新。實際上，學習應該是思考的基礎。正因為如此，《猶太法典》才說：「學識即能力，是價值最昂貴的懷錶。」這就是智慧的威力，猶太人認為寶藏就在他們的思維中。

4. 積極培養個人魅力

在許多成功的猶太商人身上，有一種任何攝影師都無法捕捉，任何畫家都無法再現，任何雕刻家都無法刻畫的東西。這是一種能感覺得到，卻無法表達或加以形容的微妙氣息。這就是與成功商人相關的魅力。正是這種難以表現的氣質，使每一位商人之間有了迥然不同的差異。很多猶太人正是靠著特殊的個人魅力而獲得了成功。

用熱情塑造個人魅力

誠如猶太人所說：「對你自己所做的事情充滿了激情，它是一種發自內心的使命感，賦予你能量、動力和激情。這些極富有感染力的特質，對於一個商人來說，是最基本的。」猶太人認為，作為成功的商人，最基本的條件是對自己所做的事充滿激情，並且能夠激發熱情與正面能量，感染周遭的人。

在現實生活中，我們會在不知不覺間受到具有這種神奇力量的商人所感染及影響。當受到感染時，會有一種頓時豁然開朗的感覺。優秀商人的特殊魅力能夠把員工最優秀的特質快速激發出來，讓人感覺像是認識了一個更卓越、更優秀的自己。

許多猶太人都具有這種魅力，他們讓人感覺到一種未曾有過的靈感和渴望突然湧入心間，生活彷彿被賦予更崇高的意義般，於是推動人們去嘗試新事物，去體驗新生活，去從事未完成的事業。

這種被稱為「魅力」的東西，是看不見、摸不著的。猶太商人說：「無論在任何情況下，魅力均涉及了一種難以名狀且強有力的感情鏈結。」他們認為，如果把魅力視為個人固有的特質，它便只能在與他人交往的過程中顯露出來。

其實，大多數人並不是天生就具有受人歡迎的個人魅力，必須付出許多努力，在人際關係方面下功夫，只有這樣，別人才更加樂於結識你，做事才會更順利，人際關係才能擴大。魅力是一種可以讓人信服的氣質，和商人的特質結合之後，可以體現於以下幾點：

1.優秀的人格特質

商人要做的最大投資，就是讓別人喜歡和你相處，一手掌握讓別人與你愉悅相處的藝術。努力做到舉止文雅，為人隨和，寬宏大量，這種長期的投資所創造的價值，要遠遠超過任何可以用金錢衡量的貨幣資本。只要有了這種特質，無論走到何處都能暢行無阻，大受歡迎。事實正是如此，能讓人快樂是一筆無價的財富。有什麼比永遠散發著魅力與光彩的性格更有價值呢？這種性格不僅僅在商業活動中讓人受益無窮，在生活中的任何一個角落都同樣能讓人獲益匪淺。正因為這種性格，才使大批大批的商人贏得了全世界範圍的擁戴。為此，我們不要忘記去培養這種優雅的氣質和特質。這些氣質可以使我們成為眾人關注的焦點和中心，幫助你不斷進步，比做大量艱苦的工作都要有效益。

如果仔細分析事業有成的商人成功的原因，你會驚訝地發現，原來一個人的成功，有一大部分是歸功於細膩的禮節，以及許多受人歡迎的特質。相反的，如果一個商人不具備這些特質，那麼縱然他具有聰明才智、深謀遠慮和亮眼的學歷文憑，也無法讓他達到前所未有的成功。一個精明能幹、才華橫溢的人，如果有著粗俗的特質，也只能讓人對他退避三舍。

2. 良好的儀表

猶太人都認為，一個傑出的商人不是靠儀表來成就的，但是他們確實得透過儀表來傳遞資訊。在洽商時，你的儀表莊重大方，是對對方的尊重；參加週末晚宴，你的儀表高貴而典雅，是表達了對宴會主人的認同；在工作時，你的儀表端正而筆挺，你在共事者眼裡便是一個實在的人。相反的，如果你穿著休閒服去洽商，會讓對方感覺你缺乏誠意；你穿著牛仔服去參加晚宴，會讓人感覺你任性隨便；你在工作中穿著隨興，會讓共事者認為你不夠敬業。外表是內在與外界溝通的橋樑，這座橋樑雖然無言，聲音卻很大。

他人的儀表無論是否討喜，是在想像之中還是出乎意料，都會給人留下印象。儀表不得體的人，他的言行很容易被輕易否定；不得體的穿著，也可能會在與人互動之中留下惡劣印象，讓人不想繼續了解他的想法。

西方學者雅伯特・馬伯藍比（Albert Mebrabian）教授曾提出「七／三八／五五」定律：旁人對你的觀感，只有百分之七取決於你真正談話的內容，有百分之三十八在於輔助表達這些話的方法，也就是口氣、手勢等等；卻有高達百分之五十五的比重決定於「外表」。因此，合適的穿著可以有效提升個人魅力，在第一眼就建立起對你的信賴與器重。反之，即使內在很專業，也會因為不適當的穿著而扣分。

一位猶太商人曾經接待過一位推銷員。這個推銷員乍看確實是無可挑剔：梳理整齊的頭髮，正式服裝，光亮的皮鞋，口袋插著高級鋼筆，提著公事包，看來煞有介事的樣子。然而當這位推銷員翹起二郎腿時，露出了不協調的白襪子。這個不協調，讓猶太商人為之一驚，接下來，無論這位推銷員再說什麼，他都聽不進去了。最終，這位推銷員的生意當然沒有做成。

3. 建立個人威信以提高影響力

魅力往往能夠為商人帶來榮譽和地位，然而最重要的仍為個人特質。按照猶太人的說法：「商人所贏得的追隨者，是靠努力爭取來的。」擁有大量頭銜與成就的人，仍需要個人的威信。這種威信是影響者從被影響者那裡自然而然獲得的。一提到威信，人們就會聯想到那些深具魅力的人。地位能夠產生對他人的權威，但是個人威信卻是來自於尊重和好感。一個真正有魅力的商人，當他的威信積累到一定程度時，他便能自然脫穎而出。從另一方面來說，地位權力和個人威信也能相得益彰。如果能將兩方面完美結合，就能獲得無堅不摧的力量。

4.溝通技巧

所謂溝通技巧，指的是商人用來鼓勵人們接受自己的想法，或是採納自己意見的技巧。無論是再怎麼偉大的觀點，倘若不被採納，也都是無濟於事。歷來猶太人均認為，一個再好的發明，不管它在技術上會帶來多大的進展，或在經濟上會創造多少收益，倘若無法讓他人接受，也都是枉然。重要的是去說服人們，讓他們相信，他們需要做的事情，正是你所提出的。

5.充實見聞讓魅力加分

在猶太商人看來，想要建立個人魅力，在塑造形象、注意聆聽之外，更重要的是實力與見識。猶太人認為，知識廣博是從商的基礎，所有猶太商人們像海綿一樣吸收知識，不僅豐富自己的人生與話題，也讓視野更寬廣，思維更正確。因為理路清晰，面臨抉擇的時候，能夠做出正確的判斷，從而增強自己的信心，也增強了他人對自己的信心。當這種信賴感與日俱增，個人的影響力也就愈深入人心，成為讓人不容小覷的實力，這也是成功商人的魅力所在。

魅力正是領導者脫穎而出的關鍵因素。如果希望事業有成，魅力便是你的入場券，商人必須要學會擴展自己的魅力，為自己的成功之路增加助力。

5. 強烈的獨立意識

許多猶太人的現實生活，是處於動盪的逆境之中。如何在逆境中求得生存和發展，把握自己的命運，是每一位猶太人都在思考的問題。長期的流浪和居無定所，使他們樹立了獨立的生命意識。他們從孩提時期就被灌輸獨立的意識，認為「只相信自己，不相信別人，他人都是不可靠的」。

凡事多存幾分戒心

孩童有一顆純潔的心，他們相信世界是美好的，他們不僅相信自己，也信任周圍所有的人。如此天真單純的思維，無法應付複雜的社會。生來就處於逆境之中的猶太人，生存的環境充滿荊棘。他們認為，要適應複雜的環境，首先必須懂得如何面對自己及他人。因此，猶太人教育孩子要相信自己，除了自己之外，任何人都是信不過的。

為了達到讓孩子們「不信任別人」的目的，父母時常扮演壞人的角色，不斷欺騙自己的孩子，同時讓孩子清楚地意識到自己的雙親在欺騙自己。每次上當受騙，都會使孩子意識到雙親是信不過的，如果連至親的人都信不得，還能去相信誰呢？

以下這則小故事可以貼切地說明這個現象，講述的是父親和獨生子之間的事。

有一天，三歲的邁克在客廳裡和姊姊玩遊戲。當他們玩得正高興的時候，父親抱住小邁克，把他放在壁櫥的上面，並伸出雙手做出接住他的樣子。

邁克因為父親加入他們的遊戲，而感到十分高興，他望著父親，毫不猶豫地往下跳。在跳下來的瞬間，父親卻縮回雙手，這使邁克重重摔在地板上，嚎啕大哭。

他呼喚著坐在沙發上的媽媽，但是媽媽卻若無其事地坐著，並不去扶他，而是微笑地說：「啊，好壞的爸爸！」父親則站在一旁，以嘲弄的眼神望著可憐的邁克……

在中國人的眼裡，這樣做未免太殘忍。可是猶太人認為這是很正常的、合情合理。他們認為：「像這樣重複五六次之後，他們就不會任意相信別人了。這樣做的目的，無非是讓他們知道，世界上沒有一個人是完全值得相信的，連親生的父母也不例外，世界上唯一可以信任的就是自己。」

小心謹慎，獨立思考

這種「只相信自己」的思想，是孩子們獨立意識形成的基礎，它使猶太人從小便有了獨立生存的意識。他們相信只有自己才能養活自己，靠別人來養活絕對是天真的幻想。因此他們在任何條件下，都能頑強地生存下去。他們憑藉的是自己的能力，再加上強烈的生存意識，他們當然能找到賺錢的好辦法去解決自己的生活問題。

這種「靠自己最實在」的做法，也使他們在處理所有事務時，小心謹慎，認真思考後再做出抉擇，所以他們很少上當受騙。

這種培養孩子獨立意識的做法，在我們看來雖有些殘酷，但絕對是理智的！它正是猶太民族長期流浪而不散、不亡的一個重要原因。在長期顛沛流離和被人排擠中頑強生存下來的猶太民族，自然會對他人有防衛意識。商業經營者身為市場經濟的一分子，必須掌握自己的命運。首先應具備的便是這種理智的獨立意識與智慧。這樣的意識構成了猶太商人的安全保護罩，使他們從不陷於別人的商業陷阱中。

猶太人正因為不輕信別人，不被許多事物的表象所迷惑，所以才能在商場上縱橫捭闔，成就卓然。

6.保持寬容的心態

猶太人認為寬容是人類最高尚且基礎的美德之一。因為沒有寬容，其他的美德就只是空中樓閣般無法落實的口號而已。猶太人認為寬容應該是人們的歸宿，蓄積了一定的生命和閱歷後，理所應當達到的一種境界。擁有一顆寬容之心的人，不會侷限於眼前的不完美，他能立於更高的地位，看到更美好、更廣大的世界。

此外，猶太人也告誡我們，應該理智地掌握環境，不要太感情用事。要想達到這種精神境界，其實也沒有明確的方式，只有隨時去做。這樣一來，你會慢慢發現有很多方法可以增加你了解別人的能力。下面是猶太人提出的方法：

第一、包容的心

包容的心，簡單地說，就是尊重與自己認知相異的事物。人類之所以彼此需要，就是因為彼此之間存在差異。如果世界上所有的人都完全一樣，也就沒有文明的存在。但自有歷史以來，人們常因種族、語言、文化、宗教的相異，引發戰爭，就連親近的家人朋友，也會因個性、習慣等不同，帶來困擾和爭執。要融合這些歧異，最好的方法唯有寬容。

因為在這世界上絕對沒有兩個人是完全一樣的，每個人都有其特異之處，能夠理解並包容這樣的現實，人與人之間也能減少許多無謂的磨擦。

世界公認猶太人是最值得相處的商業夥伴，因為猶太人不會將自己的情緒波動遷怒到相互合作中。這就是學習欣賞並接受不同的生活方式、態度、文化、種族，也是了解別人所應抱持的態度。

猶太人每個星期都會去教堂聽牧師傳道。很長一段時間，牧師持續的宣講有關寬容的典故。開始時大家都很專注地聽講，但漸漸有些膩了，就開始鬆懈。

教堂的長老決定請牧師改變講道的主題，於是對牧師說：「寬容雖然是個很好的啟示，但是教友每個禮拜都聽同樣的主題，早已聽煩了，你應該多準備其他不同的內容。」

牧師回答說：「是的，我準備了很多別的內容。可是我想和你商量，我要等到他們開始做時，我才停止宣講『寬容』的主題。」

第二、寬容別人，就是善待自己

猶太人認為，對別人寬容，也就是對自己的寬容。因為人與人相處是互相的，你用甚麼態度對別人，別人就會以同樣的態度回應你。如果你因為無法包容別人的缺點，而拒絕接納對方，對方也會同樣的排斥你。

然而奇怪的是，愈來愈多的人總是期望別人從不犯錯，他在心裡描繪出完美的形象，套用在往來的對象身上。只要對方犯錯或行為不理想，讓他心中「完美的形象」粉碎，他就會生氣和失望。於是開始猜忌對方、指責對方，進而漸漸摧毀彼此的關係。

一個愛挑剔的人就像刺蝟一樣，人見人閃，不能與人相處愉快，不僅累了自己，也會讓人厭惡。相反的，富有包容心的人，能多看到別人的優點，很少看到別人的缺點。他們一邊發現別人的優點，一邊謙虛的學習，讓自己變得更好。

猶太人總是喜歡正面肯定別人，用鼓勵取代責難，這樣的態度跨越了文化的藩籬，讓他們不論身在何處都能取得人們的喜愛與信任。他們總是試著去接受別人原來的樣子，不勉強他們扮演自己心目中完美的角色。

第三、不要過分挑剔他人

有些人總是特別注意別人性格上的缺陷，以找出別人的錯誤為樂趣，並以此感到滿足。然而這種建築在別人的痛苦之上的「快樂」，要付出的代價實在很大，它會漸漸抹殺一個人的包容心，讓心量愈來愈狹窄。

當猶太商人聚在一起時，總是能相互欣賞對方，結合成一個強大且一致對外的聯盟。因為他們相信：如果你能夠看到別人的好處，不需要隨時想著要容忍別人，自然便能達到那個境界！

培養包容的心，能讓人享受豐富而美好的人際關係，身心無比舒暢，更有助於發揮潛能。相反的，缺乏包容的心會使人感到痛苦，甚至影響健康。因為當你失去包容、失去耐心而發脾氣的時候，血液流動和心跳都會加速，比正常時快三到四倍，讓身體感到無比的疲憊。

第四、冷靜客觀是寬容的正確心態

一個溫暖的春天夜裡，在美國東岸的一個城市，有位年輕的猶太學生走出公寓去寄一封信。當他走回公寓時，被十一個不良少年包圍起來，拳打腳踢狠狠揍了一頓。不幸的是，在救護車到來之前，他就斷氣了。

兩天之內，員警將這十一名不良少年一一逮捕。社會大眾都要求嚴懲這些少年，新聞媒體輿論也一面倒的要求法官從重量刑，給他們最嚴厲的懲罰。

後來這位死者的家長寄來一封信，他要求盡可能減輕這些少年的罪行，並成立一筆基金，做為這一群孩子出獄重新生活及社會輔導的費用。他不願仇恨這些少年。

無疑地，他的內心也經過一番激烈的掙扎，而且需要有強大的克制力，才能夠不去仇恨這些不懂事的孩子。他只恨控制這些孩子內心的病態性格，他希望這些孩子從殘暴、粗魯、仇恨、病態的虐待性格中重生，甚至還提供金錢來幫助他們。

他恨的是這件事，而不是人。這就是猶太人心目中的寬容，於人於己的一種標準，寬己同樣能夠寬人。了解別人，並不是指容忍所有錯誤的行為及不正常的性格。如果你能夠學習「針對事情而不要做人身攻擊」，那麼你會發現培養寬容的態度會容易許多。

惻隱之心是一種同甘共苦的精神，想想什麼事情可以使別人心跳加快，你不妨帶給他們一點驚喜，使他們的今天比昨天更美好。當然，你必須能夠和他們一起共度困難的時刻，讓他們低落的情緒得以排解，挫折的感覺得以疏導。隨時安慰他們，並幫助他們重新快樂起來，甚至對人生的態度更積極，這就是惻隱之心、包容之心、體諒之心。

仔細看看每個面具的背後，你會發現原來他們每個人的內心深處都渴望別人的了解、包容和悲憫，他們需要你的關懷。猶太民族總是善於運用這個法寶，因此，儘管幾百年來居無定所，他們也沒有喪失凝聚力。

7.良好的人際關係

美國知名的成功學家卡內基（Dale Carnegie）曾說：「一個人的成功，只有百分之十五是由於他的專業技術，而百分之八十五則是靠人際關係和做人處世的能力。」猶太人很早就參透了這個道理，他們常說：「我們從事的是『人際關係的業務』。」人際關係的投資是長期的、不斷的聯繫和培養而形成的，所以他們廣交朋友，積極愉快地跟別人互動，也奠定了成功的處。

猶太人為了擴大人際關係網絡，會經常參加一些社交活動。而一個成功的商人必須消息靈通，在業內業外建立良好、廣泛的聯繫。

當事情很順利時，人們很容易變得懶惰和傲慢，因而忘記經營原有的人脈，這是短視的態度。猶太人不會犯下這種錯誤，他們向來堅持不懈地致力於建立及維護人際關係。一個好的商人需要大批朋友，因此人們必須要有遠見地培養與各界人士的友誼。

互相信任，造就雙贏

猶太人是這樣理解雙贏的：「一個人的成功，並不是透過犧牲或排除他人的成功而取得的。」事實正是如此。如果沒有共同的願景，群體合作關係將無法成功建立。

猶太人常說：「隨著每一次交流，企業與顧客將在合作關係越發密切，企業在過程中調整產品與服務，使其逐漸貼近市場需求。就在這個不斷滿足市場需求的過程中，彼此之間的關係也越來越貼近。」

一位成功的猶太商人曾說：「構築人際關係網絡是成功的基礎，一些繁瑣的顧慮往往在彼此建立關係之後，都將變得無所謂。」這番話說得實在，無論是生存在哪一種社會或文化氛圍，無論是講究社會脈絡的東方文化，還是重法依理的西方文化，人際關係對於一個商人來說是永遠不嫌多的。

人際關係如此重要，為了建立牢固的人際關係，我們該如何從根本了解人際關係的意義，以便確實打好基礎？

1.耐心累積人脈

人們往往需要長久的關係，而長久的關係必須是累進的、由淺而深、由短暫到長久。關係是建立在雙方利益基礎之上。每一個人心中都有一把無形的尺，會在與人交往的過程中，衡量自己的付出是否值得，並以此做為是否繼續經營這段關係的依據。關係的建立往往以信任為前提。信任是征服人心的巨大力量，它可以使關係迅速地朝成熟的方向轉化。關係的建立應是對等平衡的，當雙方的身分、職務相等時便能拉近關係，使關係穩定長久。

2. 關係是可以創造的

要成就事情，需要不斷地創造人脈，讓不認識的變成認識，沒有關聯變成關係密切。關係是需要先付出才能有所獲得的。想從別人那裡得到什麼，就要先付出等值的代價。這是商場的定律。在建立關係時，應量入為出，不要期望過高或一次投入過多的成本，要做到適度，合情合理。

3. 關係需要精心經營

關係是非常容易破碎的，用心經營人脈是商人的必修課，就像學習一樣，應隨時溫故而知新。人際關係是水到渠成的，常常隨著個人資源的積累、某些關鍵性人物的突破，關係就會得到順利的進展。關係也有用完的時候。如果一味支出，沒有補充、儲存，總有一天會面臨坐吃山空的窘境。

4. 人際關係和人力資本

猶太人認為，除了與生俱來的血緣關係外，人際關係的建立與維持都需要投入資本。投入人際關係除了能夠滿足當下娛樂與情感交流的需求之外，還能同時讓人際關係得以維持和加深，以便在未來獲益。

良好的人際關係能夠滿足人的心理需求。猶太人認為，人們常因為失敗而產生挫折感，因為競爭的壓力而產生緊張感，也會因為受到他人誤解而感到委屈，這些生活上的挫敗感會影響一個人的精神狀態。在壓力形成的時候，人際網路就會發揮撫慰的作用，讓情緒得以宣洩，情感得到安撫，達到平衡的心境，有助於紓解壓力。所以說，想要事業順利，就需要不斷地創造人脈資源，想要人生幸福，就要努力維持好的人際關係。

8. 視「成功為起點」

猶太人相信，一個人應該感謝的事情會變得越來越多，理所當然的事情會變得越來越少。追求成功是許多人的理想，但許多人僅以為努力進取、奮力前進才能達到巔峰。但俗話說：「退一步，進兩步。」猶太人卻認為，成功的人能在關鍵時刻急流勇退，尋找新的發展領域，進而獲得更大的成就。

真正成功的人，絕不是只靠自身的實力奮鬥，他還要懂得整合人際資源，進而創造更多的價值。我們能夠了解可運用的資源，用良好的態度去發展良好的關係。

猶太人喜歡說：「上帝一定喜愛凡人，因為祂創造了那麼多！」猶太人歷來認為：「成功等於良好的心態，其他都是這句話的注解。」猶太人認為成功就是每天進步一點點，這種良好的心態使得他們「不以利小而不為」，願意做小事獲小利，踏踏實實，一步一腳印地積累。

猶太人認為成功是由許許多多的小目標逐漸累積而成的。成功是由無數個點組成的完整生命歷程，一個人要有偉大的成就，必須天天有些小成就，因為大成就是由小成就不斷累積的結果。他們向來認為：「自己最大的敵人就是滿足，成功永遠只是起點，而不是終點。」成功是每天進步百分之一，成功是不斷達成目標，成功是對家庭、社會、國家有所貢獻，成功是每天快樂地生活。

猶太商人認為成功還應歸功於以下的心態：

1.歸零的心態：一有高成就的人，轉換職場之後，一定要建立歸零的心態。因為只有這樣才能快速成長，學到新領域的技巧與方法。要喝一杯咖啡，得先把杯子裡的茶倒掉才行。如果直接把咖啡倒進茶水裡，就會變成「茶也不是，咖啡也不是了」。

2.學習的心態：無論是什麼行業，都只有專家、內行人才能賺到外行人的錢，所以一定要在最短的時間內以最快的速度成為專家或內行人。要成為專家，就應努力學習。隔行如隔山，一定要靜下心來，認真學習專業知識，學得快，就會成功得快。

3.創業的心態：任何事業都是由「多勞多得」到最後的「少勞多得」。在這個過程中，一定要有創業者的心態。創業是艱苦的，特別是在事業的起步階段，可能收入不會很多，因此要有勇氣面對困難與挑戰，要有積極樂觀的心態，要為成功找方法，絕不為失敗找藉口。

4.投資的心態：猶太人認為在剛開始創業時，不要一股腦地投資大筆金錢，重要的是積極尋找投資機會，準確挑選打算投資的事業。

5.堅持的心態：成功者絕不放棄，放棄者絕不成功。堅持到底，絕不放棄。

6.付出的心態：投資是一個合作的事業。一定要做好付出的心理準備，只有付出，才會得到回報。付出越多，回報也就越多。在積累了一定分量之後，再追求品質進步。

7.積極的心態：人類的腦部構造是非常奇妙的，積極的心態能讓人不斷地為頭腦輸入正面的資訊，並開啟心智、尋求方法、解決問題。如果我們能以積極的心態面對共事團隊，將能讓團隊在低潮時看清方向，有信心和勇氣不斷前進，不斷創造奇蹟。消極的心態，卻只能帶給團隊毀滅性的打擊。

9.誠實的心態：誠實是做人的基礎，無法以誠待人的話，恐怕什麼事情都不會成功。

10.承諾的心態：承諾之後的事情，務必努力去實踐，因為是對自己的承諾，所以無法自欺欺人。

11.相信的心態：一定要相信自己。只要相信自己一定能夠成功，奇蹟就會發生。

猶太人正因為擁有這些良好的心態，所以總能勇於邁向各種困難的挑戰，完成一項又一項不可能的任務，取得別人無法取得的成就，真正做到主宰自己。

9.把忍耐視為成功的基石

中國人認為：「忍一時，風平浪靜，退一步，海闊天空。」猶太人說：「人的細胞時時刻刻都在變化，每天都會更新。昨天生氣的細胞，已經被今天新的細胞取代。酒足飯飽後所思考的內容，與饑腸轆轆時所考慮的也不一樣。我等待著你細胞的更替。」

股市猶太人亨利·考夫曼能成為股市神人，是他堅忍奮鬥的結果。他於一九三七年出生於德國，因遭受納粹黨的迫害，一九四六年隨父母逃到美國定居。剛到美國時，他還不會說英語，但是他不怕別人嘲笑，在學校大膽地與同學交談，從中學習英語，除了在課餘時間補習英語之外，連吃飯時和走路時都努力背誦英語。半年的時間後，他就能講一口流利的英語了。他家境不佳，以半工半讀形式讀完了大學，並獲得了學士、碩士和博士學位。在工作的過程中，他刻苦鑽研，從銀行的最低層職位做起，後來成為世界聞名的所羅門兄弟證券公司主要合夥人，以至首席經濟專家和股票、債券研究部負責人。他對股市料事如神，成為美國證券市場的權威之一。

巴拉尼（Róbert Bárány）是出生於奧地利維也納的猶太人，他小時候罹患骨結核病，由於家境貧寒，無法得到適當的治療，造成他的膝關節永久性僵硬，不能正常行走，常常被人嘲笑，但他沒有灰心喪志，忍耐著身體上的痛苦，艱苦奮鬥，刻苦攻讀，終於在醫學上取得了驚人的成就。終其一生，他共發表了一百八十四篇很有價值的論文，除了榮獲奧地利皇家授予的爵位外，更在一九一四年成為諾貝爾生理學及醫學獎的得主。

用決心和忍耐超越失敗

猶太人有堅定的耐心和過人的耐力，但是，猶太父母也會告訴孩子，忍耐不是沒有限度的，忍耐必定有其先決條件。精明的猶太人最長於計算，他們有極強的判斷能力，當他們認為事情可以朝著對自己有利的方向前進，並帶來利潤時，他們就會以無比堅定的耐心等待時機的到來。

「世上無難事，只怕有心人。」忍耐是成功的信心表現。成功之路是崎嶇曲折的，它不可能是暢通無阻的康莊大道。成功者的特長之一，是善於處理前進中的障礙，有堅韌不拔的忍耐性。「成功者是踏著失敗而前進的」，「失敗是成功之母」的哲理意味深長。

在人生歷程中，不可能事事盡如人意，沒有悲觀的必要。失敗乃是成功必經的過程，關鍵是要有決心和忍耐。昨天或今日的失敗，並不意味著最後的結局。活用失敗與錯誤，是自我教育和提升自我的有效途徑。最怕的是失敗後一蹶不振。沒有了忍耐性的人，才是真正的失敗者。

某位成功的猶太人曾說過：「人生是嘗試錯誤的過程，沒有犯下任何錯誤的人，是一無所成的人。」

用成熟的心態超越不平衡

猶太人以忍制勝的法則有以下五點。

1. 對失敗抱持健康的態度，不要恐懼失敗，了解失敗乃是成功必經的過程。
2. 失敗的時候，不要聚焦於過錯與失敗，應時時謹記遠大的目標，活用自己的失敗經驗。
3. 遇到失敗時，千萬不要氣餒，要堅韌不拔，矢志不移。
4. 遇到障礙時，要設法另謀出路，使自己順應環境，適應潮流。
5. 善於伺機而動，巧於乘勢，等待機遇。

在歷史上，猶太民族曾遭逢過許多不公平的待遇，他們也用這樣的信念渡過種種難關，取得了現在的輝煌。

他們常常這樣告誡自己：

首先，不必事事苛求公平。人的心理常常受到傷害的原因之一，就是要求每件事都應當公平。其實，世界上根本就沒有絕對的公平，我們不必事事都拿著一把公平的尺去衡量，否則就是和自己過不去。

第二，設法透過自己的努力求得公平。有些看似不公平的事，正是自己不成熟的觀念與言行造成的。

第三，改變衡量公平的標準。不公平是一種比較之後的主觀感覺，我們只要改變這種比較的標準，便能夠在心態上消除不公平感。

10. 自動自發地工作

猶太人認為，優秀的員工就如同優秀的士兵，他們具有一些共同的特質：他們是具有責任感、團隊精神的典範；他們積極主動，富有創造力；他們沒有任何藉口。若非如此，一名士兵就成不了將軍，一名員工就成不了老闆。

成功的猶太人，會努力讓自己成為具備以下特色的員工。

1.不忘初衷且虛心學習的員工：所謂初衷，就是企業的經營理念。只有始終不忘企業經營理念的員工，才可能謙虛，才可能與同事齊心協力，實現企業的使命。不忘初衷，又能謙虛學習的人，才是企業最需要的員工、有責任意識的員工。沒有責任意識或不能承擔責任的員工，不可能成為優秀的員工。

2.自動自發、不找藉口的員工：具有積極思想的人，在任何地方都能獲得成功。那些消極、被動地對待工作，在工作中尋找種種藉口的員工，是不會受到企業歡迎的。

3.愛護企業，和企業成為一體的員工：除了睡眠時間以外，每個人的大部分時間都是在工作中度過的，公司就是自己的第二個家。優秀的員工，都具有企業意識，能和企業甘苦與共。

4.不自私而能為團體著想的員工：好的員工明白，所有成績的取得，都是團隊共同努力的結果。只有把個人的實力充分與團隊結合起來，才具有價值和意義。團隊精神是猶太人心目中最重要的一種精神，企業裡也確實需要崇尚這樣的精神。

5.總是具備熱忱的員工：人的熱忱是成就一切的前提，事情成功與否，往往是由做事時的決心和熱忱的強弱而決定的。碰到問題，如果擁有非成功不可的決心和熱忱，困難就會迎刃而解。

6.懂得推陳出新的員工：每一個企業都歡迎這樣的員工，因為創造力和創新能力是企業發展的永恆動力。

7.能做出正確價值判斷的員工：價值判斷的層面很廣泛。大到對人類的看法、對人生的看法，小到對公司經營理念的看法，對日常工作的看法等，都含括在內。

8.有自主經營能力的員工：如果一個員工只是想按照主管的交代做事以換取薪水，將很難有進步。每一個人都必須以「預備成為老闆」的心態去做事。如果能以這樣的心態做事，一定會在職場上時時有新發現和進步，個人也會有所成長。

9.能適當建議主管的員工：能夠針對自己的工作提出不同的建議，並說服上司同意；或是對上司的指令提出自己的看法，讓上司覺得應該加以調整。如果一個企業之中，沒有這樣的人，這間企業的前途堪慮；一個企業中如果有十個能說服上司的人，就有光明的發展前途；如果有一百個人能支使上司，那麼企業的發展將會更加輝煌。

10.能夠擔當企業經營重任的員工：這種氣概就是自信、毅力和責任心的體現，能為企業帶來不可估量的價值。

把工作當成生活的樂趣

猶太人認為，只有自動自發地努力工作，才能從員工成為老闆。最好的執行者，都是自動自發的人，他們確信自己有能力完成任務。這種人的個人價值和自尊是發自內心，而不是來自他人。他們不是憑一時的衝動做事，也不是為了獲得稱讚而做事。

一位心理學家在研究過程中，為了實際了解人們對於同一件事情在心理上所反映出的個體差異，他來到一棟正在建築中的大教堂，對現場忙碌的敲石工人進行訪問。

心理學家問他遇到的第一位工人：「請問你在做什麼？」

工人沒好氣地回答：「在做什麼？你沒看到嗎？我正在用這個重得要命的鐵錘，來敲碎這些該死的石頭。這些石頭非常硬，害得我的手酸麻不已，這真不是人幹的工作。」

心理學家又找到第二位工人：「請問你在做什麼？」

第二位工人無奈地答道：「我是為了每週五百美元的工資，才做這件工作。若不是為了一家人的溫飽，誰願意幹這份敲石頭的粗活？」

心理學家問第三位工人：「請問你在做什麼？」

第三位工人眼光中閃爍著喜悅的神采，說：「我正參與興建這座雄偉華麗的大教堂。落成之後，這裡可以容納許多人來做禮拜。雖然敲石頭的工作並不輕鬆，但當我想到，將來會有無數的人來到這兒，再次接受上帝的愛，便覺得能擁有這份工作是一件很大的恩澤啊！」

這三個人在同樣環境下做一樣的工作，卻有著截然不同的感受。

第一位工人，是完全無可救藥的人。可以設想，在不久的將來，他將不會得到任何工作的眷顧，甚至可能是生活的棄兒。

第二位工人，是沒有責任和榮譽感的人。對他們抱有任何指望肯定是徒勞的，他們是懷著為薪水而工作的態度，為了工作而工作。他們肯定不會是企業可依靠和老闆可依賴的員工。

該用什麼語言讚美第三位工人呢？在他們身上，看不到絲毫抱怨和不耐煩的痕跡，相反的，他們是具有高度責任感和創造力的人，他們充分享受著工作的樂趣和榮譽。同時，因為他們的努力工作，工作也帶給了他們足夠的榮譽。他們就是企業家們想要的那種員工，他們是最優秀的員工。

猶太人善於自我精神獎勵，他們努力工作，並從成功中獲得內心的滿足與成就感。第三位工人，完美地體現了猶太人的工作哲學：自動自發，自我獎勵，視工作為快樂。這樣的工作哲學，是每一個企業都樂於接受和推廣的。懷有這種工作哲學的員工，就是每一個企業所追求和尋找的員工。他所在的企業、他的工作，也將給他最大的回報。

有些人時常懷有類似第一種或第二種工人的消極看法，每天總是謾罵、批評、抱怨、到處發牢騷，對自己的工作沒有絲毫的熱情，每天在無盡抱怨中平凡生活著。不論你過去對工作的態度究竟如何，都並不重要，畢竟那已經過去了。重要的是，從現在起，你未來的態度將如何。讓我們學習猶太人的工作哲學，做最優秀的員工，努力自發自主地工作。

猶太人向來都是積極樂觀地工作，把工作視為生活中的樂趣。猶太人對工作的熱情，就是時常保持高度的自覺，把全身的每一個細胞都調動起來，完成他內心渴望完成的工作。

有人或許會問，是不是所有的人都具備工作熱情？絕對正確，每一個人都有，也許隱藏在恐懼之後，可是它總是在那兒。熱情是實現願望最有效的工作方式之一。只有那些對自己的願望有真正熱情的人，才有可能把自己的願望變成美好的現實。人是很奇妙的，我們要相信人生之中一定會奇蹟。

有三個人做了一個小遊戲：同時在紙片上把他們曾經見過的性格最好的朋友的名字寫下來，還要解釋為什麼選這個人。

結果公布後，第一個人解釋了他為什麼會選擇他所寫下的那個人：「每次他走進房間，給人的感覺都是容光煥發，整個房間彷彿也為之一亮。他熱情活潑、樂觀開朗，總是非常振奮人心。」

第二個人也解釋了他的理由：「他不管在什麼場合，做什麼事情，都是盡其所能、全力以赴。」

第三個人說：「他對一切事情都盡心盡力。」

這三個人都是美國著名雜誌的記者，他們見多識廣，幾乎踏遍了世界的每一個角落，結交過各種各樣的朋友。他們互相看了對方紙片上的名字之後，發現他們竟然不約而同地寫上了一位著名猶太企業家的名字，這正是因為這位企業家擁有無與倫比的熱情的緣故。

全力以赴，提升執行力

猶太人認為，對待工作不應該有任何藉口，必須付出足夠的熱情。猶太人對工作的熱情表現在他們完美的執行力上。他們認為，無論做什麼事情，都要記住自己的責任，無論在什麼樣的工作崗位，都要對自己的工作負責。工作就是不找任何藉口地去執行。無論是一支部隊、一個團隊，或者是一名戰士或員工，要完成上級交代的任務，就必須具有強有力的執行力。接受了任務就意味著做出了承諾，完成不了自己的承諾時，不應該找任何藉口。沒有任何藉口是執行力的表現，這是一種很重要的思想，體現了一個人對職責和使命的態度。

喜歡足球的朋友都知道，以色列國家足球隊向來以作風頑強著稱，因而在世界賽場上成績斐然。以色列足球成功的因素有很多，其中最被人看重的一點，那就是以色列隊隊員在貫徹教練的意圖、完成自己位置所擔負的任務方面執行得非常得力，即使在分數落後或全隊困難時也一如既往，沒有任何藉口。你可以說他們死板，也可以說他們沒有創造力，不懂足球藝術。但是成績說明一切，至少在這一點上，身為足球運動員，他們是優秀的，因為他們身上流淌著執行力文化的特質。無論是足球隊還是企業，一個團隊、一名隊員或員工，如果沒有完美的執行力，就算有再高的創造力，也辦法擁有良好的成績。

一名猶太教練告訴他的隊員：「我只要求一件事，就是『勝利』。如果不把目標定在非勝不可，比賽就沒有意義了。不管是打球、工作、思想，一切的一切，都應該『非勝不可』。」

「你要跟我工作」，他堅定地說：「你只可以想三件事：你自己、你的家庭和球隊，按照這個先後次序。」

「比賽就是不顧一切。你要不顧一切拚命地向前衝。你不必理會任何事、任何人，接近得分線的時候，你更要不顧一切。沒有東西可以阻擋你，就算前方有一輛戰車或一堵牆，或是對方有十一個人，都不能阻擋你，你要衝過得分線！」正是有了這種堅強的意志和頑強的信心，球隊的隊員們擁有了完美的執行力。在比賽中，他們的腦海裡除了勝利還是勝利。對他們而言，勝利就是目標，為了目標，他們奮勇向前，鍥而不捨，沒有抱怨，沒有畏懼，沒有退縮，不找任何藉口。他們是所有員工的榜樣。

巴頓將軍（George Smith Patton）在他的回憶錄《我所知道的戰爭》（WAR AS I KNEW IT: A Memoir of George Smith Patton）中曾提到：

我要提拔人時，常常把所有的候選人集合在一起，對他們提出一個我想要他們解決的問題。

我說：「夥伴們，我要在倉庫後面挖一條戰壕，尺寸是十英尺長，四英尺寬，五英寸深。」

這是個有窗戶的倉庫。當候選人們正在檢查工具時，我走進倉庫，透過窗戶觀察他們。我看到大家把鍬和鎬都放在地上。

他們休息幾分鐘後，開始討論「將軍為什麼要挖這麼淺的戰壕」。有的人說「五英寸深還不夠當火炮掩體」，還有人說「這樣的戰壕太熱或太冷」，軍官們則抱怨「他們的身分不該被派來做挖戰壕這麼普通的體力勞動。

最後，有個成員忍不住了，他站起來說：「我們還是趕快把戰壕挖好，離開這裡吧！那個老傢伙想用戰壕幹什麼都沒關係！」

最後，我提拔了這個成員。我必須挑選一個能夠不找任何藉口，專心完成任務的人。

任何一種工作或職位，都需要這種不找任何藉口直接去執行的人。無論做任何事，都要記住自己的責任，並對自己的工作負責。不要用任何藉口來為自己開脫或搪塞，完美的執行是不需要任何理由的。

猶太人在商場上的成功，也取決於這種無條件的執行力。

貳／

傑出猶太人是行動的巨人

成功的猶太人不一定是言語的巨人，但一定是行動的巨人。

他們有獨到的眼光，善於把計畫落實於行動，

他們始終能夠義無反顧地奮鬥，贏得輝煌的人生。

1. 果斷堅決，當機立斷

果斷堅決是成功的必備要素，猶豫不決則是絕對的障礙，然而許多人正是在這一點犯了錯誤。成功的猶太人認為，要成就偉大的事業與人生，就應早作準備，在適當時刻準確出手。

「To be, or not to be?」這是世界上被引用最多的一句英文，可以表達許多意思。「活著，還是死去？」，「做，還是不做？」，「去，還是不去？」……當人們遇事猶豫不決，或是無所適從時，就常常引用莎士比亞筆下《哈姆雷特》說過的這句話。

猶豫不決，使哈姆雷特一次又一次地放棄了復仇的絕佳時機，造成了他個人的悲劇。莎士比亞正是透過這個猶豫不決、優柔寡斷的心態描繪，讓人物形象大放光彩，使《哈姆雷特》成為世界文學史上璀璨奪目的瑰寶。

成功的猶太人教我們做事果斷的方法。

當機立斷，不受其亂

猶豫的時刻，誰不曾有過？猶豫的時刻，正是人、事、物處於心靈聚焦的時刻；正是各種矛盾衝突在心靈掀起巨瀾的時刻。

一位猶太伐木工人在伐木時不幸被倒下的樹壓住了大腿，因而流血不止。這時他周圍四下無人，自己也沒帶緊急救助的醫療器具。他深知，若是不將壓在大腿上的大樹移走，如果繼續這樣下去，恐怕會因為失血過多而喪命。

他想用電鋸將壓在腿上的樹鋸斷移走，但想盡辦法都達不到目的。最後，他在情急之下，當機立斷用電鋸將自己的大腿鋸斷。雖然失去了大腿，但也保住了性命。

這位猶太伐木工人的決策是果斷的。若是遲疑不決、優柔寡斷的，等著他人來援救，或只是困在原地，盤算著失去生命的可能性，那是多麼痛苦的一件事啊！所以他所下的超凡決定是值得敬佩的。

「當機立斷，不受其亂。」成功的猶太人都具有決策果斷的人格特質。

在現實生活中，具有如此優秀特質的人並不多。只要認真觀察周圍的人，就會發現許多人都是在關鍵時刻猶豫不決、難以取捨，因此錯過了成功的大好時機，而以失敗告終。

那麼，是什麼原因使這些人不夠果斷呢？成功的猶太人又告訴了我們答案。

首先，這些錯過時機的人，他們沒有果斷的意志力。當他們遇到困難的、兩難的或是緊急的情況時，往往無法立刻合理地、是非分明地採取必要措施，順利解決問題。試想如果那位猶太伐木工人遇到緊急情況下，沒有使用電鋸鋸斷自己大腿的話，肯定會因失血過多而失去性命。

其次，這些人對事物、對工作缺乏積極主動的態度。他們在選擇行動目的時，沒有深入了解其意義，也未能深入思考可能的後果，經常患得患失。假如那位猶太伐木工人沒有想到「再不行動就會是死路一條」的話，他將很難做出這樣的決斷。

第三，這些人無法全盤掌握自己所面對的狀況。我們能說這位猶太伐木工人的行為是輕舉妄動、不負責任的嗎？不，絕不能。他親手鋸掉自己的大腿，是在「鋸與不鋸」兩種選擇之間深刻權衡利弊的結果。一個總是冒冒失失、輕舉妄動、無法果斷的人絕對無法做出這麼果斷的決定。

這是因為他們考慮問題的出發點，總是缺乏自信，沒有辦法以批判性的態度出現在他人的面前；總是缺乏果斷，總是猶豫不決的態度處理事情；凡事缺乏全方面的理解和判斷，無法抓到問題的關鍵。

智慮是勇敢的最大要素

莎士比亞說得好：「智慮是勇敢的最大要素。」

的確，不夠果斷是成功的大敵，它會讓人失去許多成功機會。「機不可失，時不再來。」有的人就是因為優柔寡斷、患得患失，而不懂得利用時機，讓機會從身邊流逝。有些人永遠只能漂流在狂風暴雨的汪洋大海，永遠到不了成功的目的地，原因就在於太過優柔寡斷。

成功的猶太人都懂得這一點，所以在事業的發展中，他們總能果敢堅決，當機立斷。

2. 今天的事情絕不拖到明天

猶太人都知道商場就是戰場，工作如同戰鬥。要想在商場上立於不敗之地，就必須維持旺盛的戰鬥力以及高效率。

猶太人認為，把事情留待明天處理的態度就是拖延，是一種很不好的工作習慣。每當要付出勞動，或是做出抉擇時，拖延的人總會為自己找藉口來安慰自己，想讓自己心裡覺得輕鬆些。奇怪的是，這些經常喊累的拖延者，卻可以在健身房、酒吧或購物中心流連數小時而毫無倦意。但是他們在辦公室時，卻總是說：「天啊，真希望不用上班！」帶著這樣的念頭從健身房、酒吧、購物中心回來，只會感覺工作壓力越來越大。

為什麼有的人善於找藉口，卻無法將工作做好呢？因為無論他們用多少方法來逃避責任，該做的事還是得做，而拖延是一種相當累人的折磨，隨著完成期限的迫近，工作的壓力反而與日俱增，讓人覺得更加疲倦不堪。

對的事情，馬上付諸行動

拖延是人的惰性在作怪，藉口就是對惰性的縱容。

一位成功的猶太商人講述了對自己人生影響很大的一件事，這件事發生在他年幼時。有一天，他外出玩耍，經過一棵大樹的時候，突然有個東西掉在他的頭上。他伸手一抓，原來是個鳥巢。他怕弄髒衣服，立刻用手撥開。這個鳥巢掉在地上，從裡面滾出了一隻嗷嗷待哺的小麻雀。他看了很喜歡，決定把小麻雀帶回去餵養，於是連鳥巢一起帶回家。

他回到家，走到門口，忽然想起媽媽不允許他在家裡養小動物。所以，他輕輕地把小麻雀放在門後，匆忙走進室內，請求媽媽的允許。

在他的苦苦哀求下，媽媽破例答應了兒子的請求。他興奮地跑到門後，不料，小麻雀已經不見了。一隻黑貓正在那裡意猶未盡地擦拭著嘴巴。他為此傷心了好久。

從這件事，他得到了一個很大的教訓：只要是自己認為對的事情，絕不優柔寡斷，必須立刻付諸行動。無法果決做出決定的人，固然沒有做錯事的機會，但也失去了成功的機運。

3. 果斷選擇，立即行動

想要有所作為的人是不會猶豫的。猶太人將人生視為一連串的奮鬥，總想做些對社會有貢獻的事，總想把事業發展得好一些，因而不怕困難，也不畏艱難。在遇到困難的事情時，他們也會果斷拚搏，絕不會躺在安樂窩中坐享現成之福。

以知識做靠山，相信理性的判斷

無私的人是不會猶豫不決的。所謂：「患得患失前路窄，心底無私天地寬。」如果一個人考慮事情僅從自己的利益出發，他在處理問題時，必然會凡事顧忌；在做決策時，只會想到可怕的後果。若總是處於這樣的立場，在採取決定時必定會猶豫不決，遲遲下不了決心，而且還會常在做出決定之後反悔。

猶太人先哲有一句名言：「猶豫不決是以無知為基礎的。」那麼當機立斷靠的是什麼呢？靠的是一個人對問題的了解是否全面，對情況的理解是否深刻，對問題解決的技能是否完整。

總之，果斷的人與一般人一樣，也有複雜的內心掙扎和情緒，但是他有知識做為後盾，所以他的決斷是理性的，絕不是輕舉妄動。謹記，以科學知識為後盾的理智，是真實無疑的。

用自信打敗不確定

思想穩定、思緒集中的人是不會猶豫不決的。成功猶太人具有足夠的力量去克服矛盾的思想和情感，將自己的行動引至正確的軌道上。而那些思緒紊亂的人，則永遠陷於矛盾掙扎的痛苦之中，常常找不出明確的辦法，或總是在痛苦中做出倉促草率的決定。

對自己充滿自信的人是不會猶豫不決的。克服猶豫不決的最佳辦法，是肯定自己的能力，相信自己什麼都做得到。猶豫不決的人總是說：「這件事我幹得了嗎？恐怕幹不了吧！」還沒有開始做，就擔心做不到，怎麼會成功？至於有自信的人則認為：「我會做好這件事，沒問題。」信心有了，也就不會猶豫不決。

有勇氣的人不會猶豫不決。無論做什麼事情，都有一股破釜沉舟的勇氣，有「不入虎穴，焉得虎子」的冒險精神。一位成功的猶太人說得好：「要有戰勝自己的勇氣。人類對自己總是姑息軟弱的，儘管平時一再說『要堅強』，可是在獨自面對問題時，卻連一半也做不到。把一切功勞歸於自己，一切錯誤歸於別人，這醜惡的一面人人都具備。要戰勝如此軟弱、醜惡的自己，必須拿出最大的勇氣。」

請記住德國偉大的作家歌德所說的話：「總是遲疑不決的人，常常找不到最好的答案。」

面對良機，應當當機立斷，及時做出有利的決策。

所謂果斷，是把經過認真思考的決策迅速明確表達出來。果斷，說明了決策者思維專一、反應敏銳，能夠迅速吸收和消化資訊，運用經驗，評估未來，並提出明確的指令。

要做到這一點，決策者必須有迅速做出判斷和選擇的能力；勇於為後果負責的勇氣和魄力。畏畏縮縮的人，無法成為一個好的決策者。

行動果斷是成功領導者的共同特質

美國有一家著名的管理公司——麥肯錫（McKinsey），曾經對頗有管理成效的三十七間猶太人經營的公司進行調查，結果顯示，成功有八個要素，其中最重要的一個就是「行動要果斷，辦事要有魄力」。

的確如此，如果領導者猶豫不決，模棱兩可，就無法動員部下或得到群眾的全力支持。必須本身有堅定的立場，才能帶動周圍的人。自己要充滿必勝的信念，部下才會願意和你共同奮鬥。

一九七三年，由於世界經濟的不景氣，某間猶太人經營的著名領帶公司，在跨入第三年時，出現了嚴重的損失。由於投資減少，消費能力低落，導致市場大幅縮小，各大百貨公司紛紛減少進貨，導致領帶市場行情跌落，許多廠家都採用大降價的手法急於將手中的領帶商品傾銷。一時間，市場價格雪崩，廠商紛紛叫苦不迭。

面對這種困難局面，這個公司面臨兩種選擇。

第一，跟隨潮流，降低售價，讓出一部分利潤來保住市場占有率，但這樣做容易給人一種「產品不可靠」的印象。

第二，維持原價，寧可失去部分市場，也絕不拋棄高品味的品牌質感。

在權衡利弊之後，這位猶太人商人果斷地決定走第二步棋。

他利用市場疲軟的機會，廉價租用各大百貨公司的櫃檯，派人去設專櫃推銷公司的產品。他利用對手進貨減少、品項不齊全的機會，增加了花色種類，提高領帶品質，至於價格則是一分也不降，從而給人一種貨真價實、鐵價不二的印象。

面臨困境，能夠堅持採用這一決策，無疑需要果斷的決策力，也需要極大的勇氣，可說是果斷的絕佳案例。

4. 遇到困難不找藉口

傑出的猶太人認為藉口是弱者的悲慘宣言。永遠不要為自己的失敗找藉口，這樣的行為只是自欺欺人，成功的猶太人絕對不會為失敗講任何一個藉口。

一個漆黑、涼爽的晚上，坦尚尼亞奧運馬拉松選手艾克瓦里吃力地跑進了墨西哥奧運體育場。他是最後一名抵達終點的選手，空空的體育場上只剩下他一人。享譽國際的記錄處製作人格林斯潘遠遠地看到這一切，他好奇地走上前去問艾克瓦里，為什麼要這麼吃力地跑到終點。

這位來自坦尚尼亞的年輕人輕聲回答：「我的國家把我從兩萬多公里之外送到這裡，不是叫我在這場比賽中起跑的，而是派我來完成這場比賽的。」

也許，在許多人看來，艾克瓦里的行動有些愚蠢且略帶偏執，但成就一個人的，正是這樣的責任感和一顆不輕易放棄的心：「沒有任何藉口和抱怨，職責即為一切行動的準則。」

拒絕找藉口，人生從「不找藉口」開始變好

現實生活中，我們常常會聽到像這樣的藉口和抱怨：「如果不是……」「我本可以早點……」「我太忙了，沒時間去做……」「要不是上一道工序延遲的話，我們早就……」「我

們以前不是這樣的……」拖延的時間一拉長，所有的藉口便都成了順理成章的事情，成為推諉與遲延的理由。人們總是一面挑剔別人的差錯，一面衡量自己的得失，能推卸就盡量推卸；為了確保既得利益，總是找種種藉口蒙混別人，也蒙混自己。

傑出的猶太人告誡我們，千萬別找藉口！我們缺乏的是盡力完成任務的特質，而不是尋找藉口的特質。

在工作中，我們經常聽到各式各樣的藉口：「那個客戶太挑剔了，我無法滿足他。」「如果不是因為下雨，我一定可以早到的。」「我沒有在規定的時間裡把事情做完，是因為……」「我沒學過。」「我沒有足夠的時間。」「現在是休息時間，半小時後你再來電話。」「我沒有那麼多精力。」「我沒辦法這麼做。」

其實，在每一個藉口的背後，都隱藏著真正的原因，只是我們不好意思說出來，甚至我們根本就不敢面對。藉口讓我們暫時逃避了困難和責任，獲得了些許的心理慰藉。但是我們為了藉口所付出的代價卻無比高昂，它給我們帶來的危害，一點也不比其他任何惡習少。

猶太人就經常聽到的藉口，歸納出以下四種表現形式。

1.「他們做決定時沒有徵求過我的意見，所以這不是我的責任。」

許多藉口總是把「不」、「不是」、「沒有」與自己緊密連結在一起，它的基本臺詞就是「這件事與我無關」，撇清關係，不願承擔責任，把原本應由自己承擔的責任推卸給別人。一個沒有責任感的員工，不可能獲得同事的信任和支持，也不可能獲得上司的信賴和尊重。如果人人都尋找藉口，無形中就會提高溝通的成本，削弱團隊協調作戰的能力。

2.「這幾個星期我很忙，我儘快做。」

找藉口的直接後果就是容易讓人養成拖延的壞習慣。如果細心觀察，我們很容易就會發現在每一間公司都存在著這樣的員工：他們每天看起來很忙碌，似乎已經克盡職責，但事實上，他們把原本應該在一個小時完成的工作，拖延到需要半天時間才能完成的大工程。因為工作對於他們而言，只是一個接一個的任務，他們尋找各種各樣的藉口，拖延逃避。這樣的員工會讓每一個管理者頭痛不已。

3.「我們以前從沒那麼做過」或「這不是我們這裡的做事方式」

尋找藉口的人總是因循守舊的人，他們缺乏一種創新精神和自動自發工作的能力。因此，期許他們在工作中做出創造性的成績是徒勞的。藉口會讓他們躺在以前的經驗、規則和思維慣性上舒服地睡大覺。

4.「我沒接受過專業訓練」

這是在為自己的能力或經驗不足而造成的失誤尋找藉口。藉口只能讓人逃避一時，卻不可能讓人如意一世。沒有誰天生能力非凡，正確的態度是正視現實，以一種積極的心態去努力學習、不斷進取。

成功的猶太人從來不會在生活和工作中尋找藉口。但不幸的是，「藉口」在我們的耳畔竊竊私語，告訴我們不能做某事或做不好某事的理由，它們看起來似乎冠冕堂皇：塞車、鬧鐘停了、家裡事情太多等藉口；工作表現不佳，則有「制度問題」、「政策問題」或「我已經盡力了」等藉口。事情做砸了有藉口，任務沒完成有藉口，只要有心去找，藉口無處不在。抱怨、推諉、遷怒、憤世嫉俗成了最好的解脫。藉口就是一張敷衍別人、原諒自己的擋箭牌，就是一個掩飾弱點、推卸責任的萬能工具！多少人把寶貴的時間和精力放在尋找合適的藉口上，遺忘了自己的職責和責任！

5. 勇於承擔責任

我們每個人都擔負著特定的責任，一個沒有責任感的人必定難以成功。

有一個猶太小男孩利用課餘時間為布朗太太做除草的工作。他每次做完除草工作後，都打電話假稱自己是想找除草工讀生的人，確認自己的工作是否讓這位太太滿意。

男孩總是這樣問：「您好，請問您需要幫忙除草的工讀生嗎？」

布朗太太回答：「我家的除草工作已經做好了。」

男孩進一步詢問：「我會幫您把草與走道的四周除乾淨。」

布朗太太說：「我請的那人也已做了，謝謝你，我不需要新的除草幫手。」

男孩便掛了電話。

此時男孩的室友問他說：「你不是就在布朗太太那兒除草打工嗎？為什麼還要打這個電話？」

男孩說：「我只是想知道我究竟做得好不好！」

會主動詢問「我做得如何」，這就是責任。

還有一個猶太人作家的例子。

一個年輕人向一位作家自薦，想當他的抄寫員。這個年輕人看起來能夠完全勝任抄寫的工作。條件談妥之後，作家請這位年輕人坐下來開始工作。

但是年輕人卻朝看了看窗外教堂牆上的鐘，然後著急地對他說：「我現在不能待在這裡，我要去吃飯。」

於是作家說：「噢，你必須去吃飯，你必須去！你就一直為了今天你等著去吃那頓飯祈禱吧！我們兩個是永遠都不可能在一起工作了。」

因為作家覺得訝異，這位年輕人才剛對他說，自己因為總是找不到工作而沮喪，但是當他在找到機會的下一秒卻只想著要提前去吃飯，早已把自己說過的話和應承擔的責任忘得一乾二淨。

強者承擔責任，弱者逃避責任

工作就意味著責任。在這個世界上，沒有不需承擔責任的工作。相反的，當你的職位越高、權力越大時，你所肩負的責任就會越重。不要害怕承擔責任，只要立下決心，你一定可以承擔工作之中的責任，你一定可以比前人做得更出色。

猶太人認為世界上最愚蠢的事，就是推卸眼前的責任，認為等到以後準備好了、條件成熟了再去承擔。應該在必須承擔重大責任的時候，馬上承擔下來，這才是最好的時機。如果不習慣這樣做，即使等到你自認為條件成熟了以後，你也將無法承擔起重大的責任。

每個人都肩負著責任，對工作、對家庭、對親人、對朋友，我們都有著一定的責任。正因為存在著責任，才會對自己的行為有所約束。「尋找藉口」就是將應該由自己承擔的責任轉嫁給他人，一旦我們有了尋找藉口的習慣，責任之心也將隨著藉口煙消雲散。天下沒有什麼不可能的事情，只要我們不把藉口放在面前，就能夠做好一切事情。

事實上，我們通常比自己認定的更好。只要能夠改變心意，不需要去增進技能，只要把既有的技能與天賦運用出來即可。如此便能不斷建立責任心，把藉口拋棄。

猶太人提醒我們千萬不要利用自己的功績或手中的權力來掩飾錯誤，忘卻自己應承擔的責任。人們習慣為自己的過失找藉口，以為這樣能逃離譴責。我們應該承認犯下的錯誤，並誠懇道歉。最重要的是利用這一次過失，讓大家看到你是如何承擔責任，並從錯誤中吸取教訓。這是一種對待工作的態度。

負責任的人是成熟的人，他們對自己的言行負責，能夠成為自我的主宰。猶太人認為每一個成熟的企業，都應把「責任感」列入員工培訓的項目之中。

6.做好份內的事，不顧忌他人看法

許多人在工作時，常常自問：「我所做的工作這麼平凡，能有什麼希望呢？」其實，在極其平凡的工作、極其低微的崗位上，往往蘊藏著很好的機會。不要自尋煩惱，只要把自己的工作做得比別人更完美、更迅速、更正確，在工作時投入自己的全副心力，從繁文縟節中找出有效率的方法，便能引起注意，自然漸漸有發揮長才的機會。

免費學習的地方

傑克很不滿意自己的工作，他忿忿地對朋友抱怨：「我的老闆一點也不把我放在眼裡，改天我要對他拍桌子，然後辭職不幹。」

「你完全弄清楚公司業務了嗎？搞懂他們做貿易的竅門了嗎？」他的朋友反問。

「沒有！」

「君子報仇，三年不晚。我建議你好好地把公司的貿易技巧、商業文書和營運完全弄懂，甚至連修理影印機的小故障都學會，再辭職不幹。」朋友接著說：「你現在把公司當成免費學習的地方，什麼東西都學會之後，再一走了之，不就既有收穫又出氣了嗎？」

傑克聽從朋友的建議，從此便默記偷學，下班之後，也留在辦公室研究商業文書。

一年後，朋友問他：「你現在許多東西都學會了，可以準備拍桌子不幹了吧？」

「可是我發現，近半年老闆對我刮目相看，最近更不斷委以重任，又是升官，又是加薪，我現在是公司的紅人了！」

「這是我早料到的！」他的朋友笑著說：「當初老闆不重視你，是因為你的能力不足又不努力學習；當你痛下苦功，能力不斷提高，老闆自然會對你刮目相看。」

與其抱怨工作無聊，不如動腦讓工作變有趣

不要只知道抱怨老闆，卻不反省自己。如果我們把工作當成是用生命去做的事情，一切自動自發，全力以赴，我們便能獲得所期望的成功。成功者和失敗者的分水嶺，就在於成功者做任何事都力求達到最佳境界，絲毫不放鬆。

成功猶太人認為許多年輕人之所以失敗，就是敗在做事草率這一點，這些人對於自己所做的工作從來不曾要求盡善盡美。

有一段時間，猶太人企業家查理斯面臨非常尷尬的狀況：他的公司發生財務問題。更糟糕的是，這件事被負責推銷的銷售人員知道了，大家因此失去了工作熱情，使得銷售量急劇下

跌。

為此，銷售部門不得不把各地的銷售員召集起來開會。主持會議的查理斯，首先請手下最佳的幾位銷售員站起來，並要求他們解釋銷售量為什麼會下跌。這些銷售員被點名後，一一站起來，每個人都極盡所能，傾訴自己最悲慘的故事：商業不景氣、資金缺乏，人們都希望等到總統大選揭曉之後再買東西等等。

當第五個銷售員開始列舉他的困難因素時，查理斯先生突然跳到桌子上，高舉雙手，要求大家肅靜，然後說道：「停止！我命令大會暫停十分鐘，讓我把我的皮鞋擦亮！」

然後查理斯命令坐在附近的一名黑人工友把他的擦鞋工具箱拿來，並要求他把皮鞋擦亮。

在場的銷售員都愣住了，有些人認為查理斯先生突然發瘋了，他們開始竊竊私語，周圍一片騷動。

就在同時，這位黑人工友擦亮了第一隻鞋子，接著擦另一隻鞋子，他不慌不忙地擦著，展現出一流的擦鞋技巧。

皮鞋擦完之後，查理斯先生給了那位黑人工友一毛錢，開口說道：「我希望你們每個人好好看看這個年輕人。他擁有我們整個工廠及辦公室內擦皮鞋的工作權。他的前任是位白人少年，雖然年齡比他大得多，公司還每週補貼他五元的薪水，但那位白人工友，仍無法從公司數千名員工的手上賺取足以維持生計的費用。」

停頓了一下，查理斯接著說：「你們眼前的這位年輕人，可以賺到不錯的收入，他沒有領到公司補貼的薪水，每週卻還能存下一點兒錢來。他和前任工友的工作環境完全相同，都是在同一家工廠內，工作的對象也完全相同。我現在問你們一個問題，前任工友拉不到更多的生意，是誰的錯？是他的錯，還是顧客的錯？」

銷售員不約而同，大聲回答：「當然是他自己的錯。」

「正是如此。」查理斯說：「現在我要告訴你們，你們現在推銷的環境和一年前完全相同：同樣的地區、同樣的物件以及同樣的商業條件。但是，你們的銷售成績卻比不上一年前。這是誰的錯？是你們的錯？還是顧客的錯？」

這時大家傳來如雷鳴般的回答：「當然，是我們的錯。」

「我很高興，你們能坦率承認是自己的錯。」查理斯繼續說，「我現在要告訴你們，你們的錯誤在於，你們聽到了有關公司財務發生困難的謠言，影響了你們的工作熱忱，因此你們就不像以前那樣努力了。只要你們回到自己的銷售地區，並保證在以後三十天內每人簽下五筆買賣，公司就不會再發生什麼危機了。以後再賣出的，都是淨賺的。你們願意這樣做嗎？」

這時在場的所有員工都異口同聲回答「願意」。由此可知，這些工作多年的銷售員，缺乏的不是工作經驗或能力，而是對公司狀況的信心。

一個實力強大的公司，忽然財務困難，甚至導致幾千人面臨失業的危險，這些傳聞打擊了他們樂觀向上的精神，導致他們失去工作熱誠。這種悲觀的態度，可能會把員工和公司推上絕路。查理斯正是看到了這一點，並巧妙地做出了驚人之舉，他站在會議廳的辦公桌上擦皮鞋，引出了擦鞋小工友的故事，一針見血地指出了銷售成績下降的根本原因，並藉此機會破除員工們的悲觀情緒，為公司注入了生機和活力。這個故事的後續不難想像，公司再度取得了優異的銷售成績，安然地渡過了難關。

剛入社會的人，可能會從外部環境來尋找理由和藉口，不是抱怨職位、待遇、工作的環境，就是抱怨同事、上司與老闆。其實，無論工作與預期有多麼大的差距，我們仍應做好自己的本分。這一點對於剛入社會的年輕人來說尤為重要——一件工作是否有趣，都是掌握在自己的心態。

小事情也有大學問

對工作永遠保持樂觀的態度，這也是猶太人所強調的人生態度。下面的故事推薦給每一位正在工作的人。

凱茲和歐文同時受雇於一家店鋪，兩人領同樣的薪水。一段時間之後，歐文青雲直上，凱茲卻仍在原地踏步。

凱茲很不滿意老闆的不公平待遇。有一天，他對老闆發牢騷。

老闆一邊耐心聽著他的抱怨，一邊在心裡盤算著，該怎樣向他解釋清楚他與歐文之間的差別。

老闆說：「你去市集一趟，看看今天早上有賣什麼東西。」

凱茲從市集回來，說：「今早市集上，只有一個農夫拉了一車馬鈴薯來賣。」

「他有多少馬鈴薯？」老闆問。

凱茲趕快戴上帽子，又跑回市集，然後回來告訴老闆「他一共有四十袋馬鈴薯。」

「價格多少？」老闆問。

凱茲再次回到市集，問了價格回來。

「好的」，老闆對凱茲說：「現在你坐在椅子上別說話，看看別人怎麼說。」

這時歐文從市集回來了，他對老闆說：

到現在為止，市集上只有一個農夫在賣馬鈴薯，數量有四十袋，問好了每公斤的價格。這些馬鈴薯看起來品質不錯，所以帶回來一個給老闆看看。這個農夫一個鐘頭以後，還會運來幾箱番茄，看起來價格非常公道。昨天這位農夫的番茄賣得很快，庫存已經不多了。這麼便宜的番茄，相信老闆會想要進一些的，所以不僅帶回一顆番茄給老闆看看，現在還把這位農夫也帶來了，現在正在外面等著討論結果呢。

歐文講完之後，老闆轉向凱茲，說：「現在你知道為什麼歐文的薪水比你高了吧？」

每個人都是不同的個體，雖然從事同樣工作，也會有不同的體驗和收穫。同樣的工作，會因為態度的不同，而引發出不同的效應。

努力工作的人，往往會在職場上得到意想不到的獎賞。只要做的比應該做的更多，出人頭地的機會必定比別人高，這是成功的猶太人與渾渾噩噩的人之間的差距。

7.看準時機，掌握機會

生命中的黃金時刻往往轉瞬即逝。

成功的猶太人告訴我們，機遇與我們的事業休戚相關，機遇是一個性情古怪的美麗天使。她降臨在你身邊，如果你稍有不慎，她便翩然而去。無論你再怎麼扼腕歎息，她也不再復返。

在商業活動中，時機的把握可以決定你是否有所建樹。抓住每一個致富的機會，哪怕它只有萬分之一。

二十世紀的猶太人也有一句俗諺：「通往失敗的路上，處處是錯失了的機會。坐等幸運從前門進來的人，往往忽略了從後窗進入的機會。」

人生就像流水，有的總是在同一個地方打轉，有的乘著急流往下游。你乘著這道流水，也許就在岸邊悠哉遊哉，好幾年才移動那麼一點，甚至完全靜止不動。隨波逐流的落葉，只有聽天由命，是無可奈何的。它的前途，完全由風向與流水方向決定。其實你可以自己決定前途，不必待在靜止不動的地方。你可以向流水中央游去，乘著急流，去尋找嶄新的大好機會，你所需要的，就是用自己的力量向急流游去。

這個舉動看似簡單，實行卻相當困難。誠然，急流處看起來似乎前途大好。然而，你是不是有能耐游到中心處？那就沒有一定的保障了。因此你必將有前途渺茫之感，究竟該怎麼辦？

這個游不游的問題，是每一個人都會碰到的。如果是有自信心的人，必將挺身接受考驗，毅然跳進未知的世界，向中心處遊去。他們知道，只要肯冒險，必定可學到新的經驗。害怕變化的人，只好躲在原來的安全地方，眼巴巴地望著別人乘著急流往前直奔。

就算勝率只有萬分之一，也要努力爭取

百貨業的鉅子華爾頓就是一個敢於冒險、善於冒險，最終乘著急流奮不顧身往下游直衝入海的人。他的經驗之談極其簡單：「不放棄任何一個，哪怕只有萬分之一可能的機會。」

有一次，華爾頓要去紐約，但事先沒有訂妥火車票。這時恰值聖誕前夕，到紐約去度假的人很多，因此火車票很難取得。他的妻子打電話去火車站詢問，車站服務人員的答覆是：「全部車票都已售光。如果不怕麻煩的話，可以帶著行李到車站碰碰運氣，看看是否有人臨時退票。」最後，車站服務人員反覆強調了一句「但是這種機會非常低。」

華爾頓提了行李準備前往車站，就如同已經買到車票一樣。他的妻子關懷備至地問道：「華爾頓，要是你到了車站，還是買不到車票怎麼辦呢？」

他欣然答道：「那沒有關係，我就當帶著行李去散步一回。」

他到了車站，等了許久，退票的人一直沒有出現，乘客們川流不息地向月臺湧去。但他沒有像別人那樣集於打道回府，而是耐心地等待著。一直到大約距離開車時間還有五分鐘的時候，一個女人匆忙趕來退票，因為她的女兒病得很嚴重，她被迫取消當天的行程。

他買下那張車票，搭上了前往紐約的火車。到了紐約，他在酒店裡洗過澡，躺在床上，打電話給妻子。

在電話裡，他輕鬆地說：「親愛的，我抓住那只有萬分之一的機會了，因為我相信一個不怕吃虧的笨蛋，才是真正的聰明人。」

在經濟蕭條時期，不少工廠和商店紛紛倒閉，被迫賤價拋售堆積如山的存貨，價錢低到一美金可以買到五十雙襪子了。

那時，華爾頓還是一家織造廠的小技師。他馬上把自己積蓄的錢用於收購低價貨物，人們見到他這股傻勁兒，都嘲笑他是個蠢材。

華爾頓對他人的嘲笑處之泰然，繼續收購各工廠和拋售的貨物，並租了一個很大的倉庫儲存貨物。

他妻子勸說他，不要把這些別人廉價拋售的東西購入，他們歷年積蓄有限，是打算用於子女教養費用的，如果此舉投入之後血本無歸，後果恐怕不堪設想。

對於妻子憂心忡忡的勸告，華爾頓笑一笑，說道：「兩個月以後，我們就可以靠這些貨物發大財。」

華爾頓的話看來似乎無法兌現。十多天後，那些工廠賤價拋售也找不到買主了，便把所有存貨用車運走燒掉，以此穩定市場上的物價。

太太看到別人已經在焚燒貨物，不由得焦急萬分，抱怨起華爾頓。對於妻子的抱怨，華爾頓一言不發。

終於，美國政府採取了緊急行動，穩定了地方的物價，並且大力支持當地的廠商復業。這時地方上因焚燒的貨物過多，因為欠缺物資，物價一天天飛漲。

華爾頓見狀，馬上把自己庫存的大量貨物拋售出去。一來賺了一大筆錢，二來讓市場物價得以穩定。

在他決定拋售貨物時，他妻子又勸告他暫時不要出售貨物，因為物價還在持續飛漲。他平靜地說：「是拋售的時候了，再拖延一段時間，就會後悔莫及。」

果然，華爾頓的存貨剛剛賣完，物價便跌了下來。他的妻子對他的遠見欽佩不已。

後來，華爾頓用這筆賺來的錢開設了六家百貨商店，業務也十分發達。如今，華爾頓已是舉足輕重的商業鉅子。

華爾頓在一封寫給青年人的公開信中，也曾針對這「萬分之一的機會」發表誠摯的呼籲：「親愛的朋友，你們應該重視那萬分之一的機會，因為它將帶給你意想不到的成功。」

有人說：「這種做法是傻子行徑，比中獎券的希望還渺茫。」這種觀點是有失偏頗的，因為獎券是由別人發行，完全由不得你掌握。但是這種萬分之一的機會，卻是完全仰賴你自己的努力去完成的。

華爾頓的說法真摯而切實，不過想把握這萬分之一的機會，我們仍應審視自己，是否已具備足夠的基本特質。

首先，確認自己是否具備長遠的眼光。「鼠目寸光」和「見樹不見林」的人，是看不到機會的。其次，是確認自己是否具備鍥而不捨的精神。沒有毅力和信心的人，是沒有辦法等得到機會的。假如眼光和毅力你都具備了，你成為富翁的基本條件便已具備，接下來就是你付諸行動。

要在商業界有所作為，僅靠盲目蠻幹是收效甚微的。投機就是要看準時機並把握它，將它變成現實的財富，這才是成功企業家的明智選擇。

8.凡事積極主動出擊

猶太人的行動力還體現於他們深深了解「主動出擊」的重要。

在職場上，是什麼樣的特質能使猶太員工創造出高達普通員工十倍的業績呢？著名的貝爾實驗室和3M公司經過近十年的研究，終於發現了一個吃驚的結論：要像猶太人一樣的優秀員工，無須圓滑的社交技巧，只需改進工作策略，就能發揮深厚的潛能，進而得到提升。

在需要改進的工作策略中，「主動性」最能體現出猶太員工與普通員工的差異。貝爾實驗室的研究告訴我們：任何一個具有專業技能、有競爭力的猶太新雇員，都會在到職的最初六至十二個月展現出主動性，否則便意味著他與普通員工毫無區別。

任何公司在進行裁員時，首先選擇的都是缺乏主動性的員工。職場上，員工聽命行事的時代已經遠去了。如果想在職業生涯中不斷追求成長與卓越，一定要凡事主動出擊，成為像猶太人一樣優秀的員工。

主動提出建議

每個老闆都希望自己的員工能自動自發地工作。一個口令一個動作的員工，沒有人會欣賞，更沒有老闆願意接受。職場中，這類只能機械式完成工作的「應聲蟲」，老闆會毫不猶豫地剔除。

對於老闆而言，只有那些能準確掌握指令，並在消化指令之後，把工作做得比預期還要好的人，才是他們真正要找的人。猶太人在這方面做得很好。

猶太員工從不認為老闆的指令神聖不可侵犯。當他們接到一項明確的任務後，如果在老闆的指令之外，有另外一條更好的途徑可走，他們會主動請示老闆，積極調整步調。當其他員工盲目服從老闆時，只要他們確實認為授權方向需要調整，就會運用推理和說服力，闡述自己的看法，絕不人云亦云。

一般而言，這類做法會讓老闆有受到挑戰的感覺。但是聰明的老闆並不會排斥這樣的溝通方式，因為他們相信：即使工作未按自己所設想的進行，但一定正被導向一個更好的方向。

主動挑下難題

每個老闆都有焦頭爛額的時候，這個時候，員工應該怎麼辦呢？

在老闆的工作日程表上，常會出現一些毫無新意的工作。由於這些工作毫無表現的機會可言，大家都不會想做。

但是工作總是要完成。這時，猶太員工就會挺身而出，主動請願甘願做「最傻」的那份工作，結果往往因此獲得老闆的信任。

事實上，這類工作往往比看起來引人注目的工作更有爭取的價值，它更能展露一個人的才華、勇氣和積極熱情的心。對於吃苦耐勞、不斤斤計較，願意幫老闆解決煩擾瑣碎問題的員工，老闆往往印象格外深刻，因為那代表著這位員工值得倚賴。

尤其是在老闆工作觸礁、迫切需要幫助的時候，如果你能挺身而出，施以援手，一肩挑起重任，幫他解決難題，你在老闆心目中的地位將會格外為重要。

主動嘗試錯誤

「過度的完美反而變得不美。」這句話乍聽荒誕至極，其實大有文章。

假如刻意逃避錯誤，總想把工作做得完美，這說明一個人總是按照常規做事，容易流於墨守成規，缺乏創意。對老闆而言，這類員工是讓人安心的員工，但卻較少受到格外的激賞。

當過度的完美及精準遮蔽了猶太員工的才華時，他們會犯一些開拓過程中無可避免的錯誤，但這是值得的。因為他們知道不能太執著於品質方面，應該適度接受和嘗試嶄新的想法與做法，稍微調整工作方式，讓工作流程變得更加靈活，就算一開始會有些許失敗，也無傷大雅。這樣的思維可以讓老闆發現他們的特殊之處，從而更加欣賞他們。因為懂得嘗試錯誤的猶太員工，會使老闆意識到，他們可能為他的公司帶來無法預期的利益。值得一提的是，猶太員工在「嘗試犯錯」時，其實有很大的把握能及時扭轉敗局。

主動負責

現在的老闆越來越需要勇於承擔責任的員工。責任感不論在任何時代、任何場域都是最重要的特質，它意味著專注和忠誠。

某位猶太企業家說：

我警告過我的員工，如果有誰說：「那不是我的錯，那是其他人的責任」的話，我一旦知道就一律開除。因為說出這種話的人，顯然對我們公司沒有足夠興趣——如果你願意站在那兒，眼睜睜地看著一個醉鬼坐進車子裡去開車，或任何一個沒有穿救生衣、只有兩歲大的小孩子單獨在碼頭邊上玩耍——好吧！可是我不容許你這樣做的，你必須跑過去保護那兩歲的小孩子才行。同樣的，不論是不是你的責任，只要關係到公司的利益，你都應該毫不猶豫地加以維護。因為，如果一個員工想要得到提升，與公司有關的任何一件事，都是他的責任。如果你想讓老闆相信你是個可造之材，最好、最快的方法，莫過於積極尋找並抓牢促進公司利益的機會。哪怕不關你的責任，你也要這麼做。

老闆心目中的員工，個個都應是公司每一件事的負責人。只有主動對自己的行為負責、對公司和老闆負責、對客戶負責的人，才是老闆心目中最好的員工。而猶太員工就能妥善掌握這一點，主動把責任承擔在自己身上，讓老闆覺得把什麼工作交給他都可放心，完全贏得老闆的信任。

主動提升自己

微軟在對外徵人時，頗為青睞一種「聰明人」。這種「聰明人」，指的不是特定領域，而是學習能力。他們需要能夠在短時間內主動學習知識的人，不依賴公司培訓，能夠主動提升自身技能的人。

把自己當作老闆經營

猶太員工屬於主動進取的類性，正符合老闆們的需求。具有這種精神的員工，是企業進步不可或缺的支柱。

當今社會，是一個「攻」的世界，只重「守」的人是很難脫穎而出的。猶太人並非天生比別人幸運，他們只是不厭其煩、時刻鼓勵自己「積極主動」起來，所以才能夠出類拔萃，成為老闆所需要的那個人。如果你想取得像猶太人的成就，辦法只有一個，那就是比猶太人更積極主動工作。這就是之所以現代有這麼多成功猶太人的原因。

一個成功的猶太商人在應邀對某大學畢業生發表演講的時候，提出以下的建議：「無論你在哪裡工作，都不要把自己當成員工——應該把公司當成自己的。」你的事業生涯除了自己之外，沒有人可以掌控。每天都處於競爭狀態的我們，必須不斷提升自己的價值，在吸收新資訊及適應環境的同時，還要轉換為職場上的所需技能。因此我們必須不斷虛心求教，讓自己持續進步。

要比老闆更積極主動地工作，對自己所作所為的結果負起責任，並且持續不斷地尋找解決問題的辦法。照這樣堅持下去，你的表現便能達到嶄新的境界了。

叁／

猶太人信奉「勤奮是成功的基石」

猶太人的成功，靠的不僅僅是運氣和技巧，

無論在任何地方、任何領域，勤奮永遠都是成功的基石。

世世代代的猶太人告訴子孫：勤勞就是成功的資本。

無數猶太人正是靠著祖輩的遺訓，勤奮工作，獲得了傲人的成就。

1. 維持適度的緊張感

成功的猶太人認為，人生所缺的不是才幹，而是志向；不是成功的能力，而是勤勞的意志，人只要懶惰下來，就等於將自己活埋。

懶惰中存在著永恆的絕望。年輕人最黑暗的時光，起始於他們停下來默想「如何不必努力，就能獲得成功」的時候。懶惰是世界上最大的奢侈，也是誘惑的溫床，品德的墳墓。猶太人告訴我們「勤勞能使我們保持身體健康，頭腦清醒，事業成功。」如果你有偉大的才幹，勤勉將會增進它；如果你只有平凡的才能，勤勉也可以補足它。也許你聽說過有些聰明人是懶惰的，但相信你卻未曾聽說過世界上有哪個偉人是懶惰的。

勤勞是無價之寶。讓兒女養成勤勞的習慣，更勝於留給他們大筆財產。有靈敏的頭腦與勤勞的手腳，隨時可以獲得金錢。當我們工作乏力的時候，應立刻重溫「不勤勞即饑寒」的箴言，以免被怠惰的魔鬼誘惑。誠然，勤勞有功，懶惰無益。懶惰使事情困難，勤勞則使一切事情變得容易。許多人因耽於安逸而過得愁苦。況且，我們做得越多，收穫也越多。

勤勞是幸運之母，上帝對勤勞給予一切。我們就趁今天告別懶惰，在今天做好份內工作，不再拖延。

適度緊張是心理健康的「維生素」

現在的養生觀點認為，悠閒使人年輕，緊張促人衰老。似乎人一緊張，高血壓病、心腦血管病、潰瘍等疾病便會接踵而至，其實這是一種誤解。

緊張是人類經常出現的一種精神狀態，是身體對來自內外環境壓力所發出的反應。不過，如果是「適度的緊張」反而有利於適應工作、學習和社會，是人類生活中不可缺少的要素。醫學專家發現，積極的生活方式能激發人的適應機能和免疫力。當人們保持適度的緊張度工作與生活時，可以充分調動體內的潛在能力，使腎上腺素分泌量提高，心跳更加有力，各個器官組織得到充分的供血和供氧，從而改善全身的生理機能。適度的緊張可使人體免疫系統處於戒備狀態，免疫力也會比較高。充實而稍微緊湊的生活內容，能使人不覺得空虛，精神愉快。體力上的必要緊張則會使得全身保持活絡狀態，肌肉活動量增多，新陳代謝旺盛，對健康有良好的促進作用。思慮上的適度緊張，可以適度刺激腦細胞，防止腦部衰退。由此可知，一個人如果要健康地生活，是離不開適度緊張的。當然這裡指的是適度緊張，過度緊張可能會損害健康。

成功的猶太人認為適度緊張的實質是積極的生活方式，無所事事顯然屬於消極的生活方式。研究證明，消極的生活方式會降低人體的免疫力或加重疾病的發展。前蘇聯醫學博士茲馬諾夫斯基認為，健康有賴心理的平衡，有賴於神經系統保持一定的緊張度；惰性則可使人體生理功能削弱，對外界環境適應能力下降，容易誘發多種疾患。一些原本身體十分健康的上班族，退休來後便感到無所適從，渾身不適，甚至經常患病，這與生活中失去了適度的緊張感不無關係。保持適度緊張是避免人體組織「生銹」的最好辦法。

某位成功的猶太人說：「懶惰像生銹一樣，比操勞更能消耗身體。鑰匙使用的越久，越發閃亮。」一個人應保持適度的緊張感，不能過於空閒。

2. 克服惰性是成功的前提

猶太人把懶惰分為兩種，一種是身體的懶惰，一種是腦袋的懶惰。他們認為身體懶惰的人光想不練，大腦懶惰的人光做不想。身體懶惰的人每次想的都是不同的事情，常常變出些新鮮的想法和念頭，但什麼都不幹；腦袋懶惰的人，一輩子都在做同樣的工作，從來不考慮改變什麼。這兩種懶惰很少出現在一個人身上，因為身體和頭腦同時懶惰的話，人生恐怕就只有失敗了。

懶惰是一種劣習。有些人一離開辦公室就把工作拋諸腦後，即使知道工作進度已經落後，也很少留在辦公室設法趕一下進度，他們不覺得應該把工作帶回家繼續解決，週末也不會去辦公室想想辦法。他們寧願坐下來閒聊，也不想閱讀應該去讀的書。要知道，用堅決的行動戒除「懶惰」是邁向勤奮的第一步。許多有成就的人，都是用勤奮造就自己的。

作為以色列網路發展的見證者和網路公司創始人傑爾，持有公司百分之五十八・五的股份，價值約三百多億元。被稱為以色列首富的傑爾，是怎樣看待懶惰呢？他說：「懶惰，是沒有飯吃的。」

猶太人經常激勵自己要勇於進取，懷抱理想，不輕言放棄。要實現自己的目標，除了勤奮之外，就是要積極進取和創新。從創業到現在，傑爾每天都在關心新的技術，密切跟蹤網路的最新發展。傑爾每天工作超過十六個小時，其中有十個小時是掛在網上，他有數十個電子信箱，每天都收到上百封電子郵件。

傑爾強調，雖然每個人的天賦是有差異的，但是年輕人一定要有理想和目標。他本身喜歡鑽研技術，也算是有一點天分，但是如果沒有積極進取，沒有在技術方面不停摸索，也不會有熟能生巧的本領和創新之舉。

明確的目標、適當的鼓勵，能有效克服惰性

猶太人總是訓示自己的晚輩要克服惰性。所謂惰性，指的是不想改變生活和工作習慣的傾向。很顯然，惰性與革新格格不入，而且還是革新發展的一種習慣性阻力。因此，革新是否能成功，要看能否根除人們的惰性。

成功的猶太人認為惰性是一事無成的重要原因。世界上沒有一個人生下來就該是貧窮、潦倒的。在機會均等的情況下，一個人能否有所作為，主要就是看能否克服惰性。惰性埋沒了才華，扼殺了潛能，使一切希望都化為泡影。一個人如果為惰性所左右，那麼他的人生恐怕很難再有什麼別的作為了。黑格爾說過：「就算是最大的天才，若朝朝暮暮躺在青草地上，讓微風

吹來，仰望著天空，溫柔的靈感也始終不會光顧他。」一個懶惰成性，不努力發展才智的人，就算天分再高，他的成就也無法發揚光大。

成功的猶太人會不斷為自己訂立目標。例如想存錢買一片果園，那麼就要先想辦法存錢。所謂存錢，當然一方面是開源，一方面是節流。開源的方法是工作，節流的方法是多勤勞，少花費。把這個小目標確立之後，便會開始覺得早晨一定要早起，才不會把時間浪費在床上，然後便能利用這段時間，去做些兼差，例如送報紙、送牛奶，或是自己動手整理庭院，節省整理庭院的人工費用。

於是，你發現早起有了意義。以前，你會覺得早起沒事做，或不知道從何著手去做事。而當你有了目標之後，在你起身之前，就已經知道起床之後該忙些什麼，你會很順利把自己從床上拉起來，展開新的一天。

同樣的道理。如果想在學問上有點成就，那麼，你達到這個目標的辦法，只有用功讀書。於是，你可以開始找一些你應該讀的書放在桌上，排出次序，一本本地去讀，這樣你自然就願意儘量利用時間去讀，去記，去寫。而不會只在心裡著急，卻不知道該做些什麼才好。

猶太人認為建立目標是克服惰性的有效措施。在實際行動中除了需要建立目標之外，還要設法找到鼓勵自己的力量。因為成功的路途是很漫長的，在這漫長的途中，如果缺少鼓勵，就不容易把興趣長遠地維持下去。而鼓勵的力量，也要看你追求的是什麼而定。你想存錢的話，自然是銀行的存摺最能使你得到安慰和鼓勵。如果是其他，例如互相勉勵的朋友、自己工作的成績、師長的獎勵等等。就要留意給自己安排這一類的機會。

明確的目標和適當的鼓勵，可以使人進取。

猶太人經常說：「人生很短，沒有多少時間可以允許我們浪費！」

西方哲學家說：「要活得像是明天就要死去一樣。」

誰也不知道哪一天是自己的生命終點。一些人在二、三十歲的時候，還在那裡慢吞吞地生活，過得不慌不忙。一向認真生活的猶太人認為，只有自己可以掌握短暫的當下，才是靠得住的壽命。因此他們極盡所能地利用每一分、每一秒的時間去發揮自己的才能。

從細節上克服惰性

猶太人認為惰性是人的本性，同時也能導致一個人一事無成。人人都有惰性，但是惰性強的人以「與世無爭」為藉口，消極地面對生活，儘管這樣的人也有嫉妒和埋怨的情緒，但是因為惰性使然，他們常常自認倒楣，即使被親友們認定為「沒有出息」，也毫不在意地默默過日子。還有更多人對精神信仰有惰性，這些人以「務實」和「面對現實」為理由，把追求物質欲望和追求利益視為人生奮鬥的目的，甘願成為信仰落後的族群。這些人經常說：「我不去做壞事，不害人，這就是我的信仰。」

人的惰性是一種可怕的精神腐蝕劑，使人整天無精打采，生活消極頹廢，讓人性低落到比動物還弱的層次。世界各地的文明，都有許多鼓勵人們上進的警句和格言，例如努力奮鬥、刻苦學習、勤儉持家等等。這些話都是提醒人們不要做惰性的奴隸，不要在生活中成為失敗者，這是生活的考驗。

猶太民族是一個勤快的民族，他們一向認為懶惰是一種心理上的厭倦情緒。生氣、羞怯、嫉妒、嫌惡等都會引起懶惰，懶惰的常見表現，有以下幾種：

1.不能愉快地與他人交談，儘管你很希望這樣做。
2.不能從事自己喜愛做的事，不愛參與活動，心情也總是不愉快。
3.整天苦思冥想，卻對周遭漠不關心。
4.由於焦慮而無法入睡，睡眠不好。
5.日常起居極無秩序，也不講究衛生。
6.做事不能專心。
7.不能主動思考問題。

面對惰性行為，有些人渾渾噩噩，意識不到這就是懶惰；有的人總把希望寄託於明日，幻想美好的未來；更多的人雖極想克服這種行為，卻往往不知如何下手，得過且過，日復一日。

猶太人認為對於克服惰性，可以從以下生活細節做起。

1.學會微笑。當你不再用冷漠、生氣的表情與親人交談時，你會發現他們其實都很喜歡你、重視你。

2.做一些難度很小的事，或是最喜歡做的事，也可以做些你想了很久的事。不要只看結果如何，只要這段時間過得充實，就會漸漸開心起來。

3.要保持樂觀的情緒，不要動不動就生氣。遇到挫折時，生氣是無能的表現。正確的做法是冷靜找出問題所在，跳脫出來，或是與別人商量求助，哪怕是爭論一番，對於掃除障礙也都會有益處。這個過程帶來的喜悅，將能使你更加好學。

4.學會肯定自己，勇敢把不足變為勤奮的動力。學習、勞動時都要全身心投入，爭取最滿意的結果。無論結果如何，都要看到自己努力的一面。如果改變方法也無法順利完成，就說明了是技術不夠純熟，還需要加強某些方面的學習。繼續紮實地學習，終會讓你成功的。

只要針對以上幾個細節，努力一段時間之後，你將會發現，自己很少會因為做了某件事而感到遺憾。你還將發現，只要以堅強的毅力、樂觀的情緒，腳踏實地的做事，你就可以把目標越做越大，而且這是我們每一個人都可以做到的。

3.保持鍥而不捨的奮鬥精神

勤奮是猶太人的傳統美德。猶太人往往在孩子很小的時候，就告訴他們「勤能補拙」的道理，並為孩子講無數個有關勤勞苦幹取得成功的故事，可見猶太人是多麼重視勤奮。

然而在現實生活中，多數人並未從中受到啟發，依舊在工作中偷懶，依舊好逸惡勞。經常為自己找各種藉口開脫，例如「現在時代已經變了，勤奮已不再是在職場中乃至商戰中的成功法寶了，我們需要享受生活並等待機會。」

是的，如今時代的確與以往不同了，但要想在職場中獲得成功，勤奮是絕對不能缺乏的美德。

猶太人始終認為機會女神只鍾情於埋頭苦幹的人。要想做事成功，如果缺乏吃苦耐勞的精神，是不可能的事情。正如俗語所說：「自在不成人，成人不自在。不受苦中苦，難為人上人。」

如果吃不了勤奮過程中的苦，怎麼能夠出人頭地，獲得圓滿的人生呢？古今中外，凡有建樹者，在其奮鬥的歷史上，無不用辛勤的汗水寫著一個閃光的「勤」字。猶太人也有句俗語，叫做「一勤天下無難事」。

成為勤奮者的四個重點

猶太民族流傳著這樣一則故事：以前有個勤學的小孩，他的資質駑鈍，讀書的時候，每次一篇小文章也要讀上一、二百遍才能讀熟。可是他毫不懈怠、勤學苦練，別人讀一遍，他就讀三、四遍。天長日久，他的知識與日俱增，後來他終於「無書不通」，成了一個博學多識的人。

勤奮是點燃智慧的火種，是成就事業的基石。一個人知識的多寡，關鍵在於勤奮的程度。

猶太人相信這樣一句話：「勤奮是走向成功所必備的美德。」在這個講究享樂的時代，勤奮是珍貴的美德。這不僅對老闆來說是珍貴的，更重要的是對於個人成長也能發揮深遠的作用。有些人擁有的學識很高，但卻不能勤勤懇懇、紮紮實實地工作，把自己的才能、潛力確實地發揮出來。太多的職場人士所缺乏的就是這種事業至上、勤奮努力的精神。

成功的猶太人認為，要把自己變成一個職場上勤懇奮鬥的人，可以從以下幾個方面努力。

第一，牢記自己的夢想

只有給自己一個奮鬥的理由，才能堅定信心，鍥而不捨。有太多的人只為工作而工作或只為了薪水而工作，所以他們往往把工作當成一個麻煩的責任或者是懲罰，這種思想註定了他們只會偷懶和拖延。如果能把工作當成是實現夢想的階梯，每上一個階梯，就會離夢想更近一點兒。

如果你在公司加班時，接到朋友的電話：「你現在在幹什麼？快到遊樂園來吧！這裡有一支非洲著名的馬戲團的動物表演，好有趣！」

聽了朋友這麼說，你會有何反應？一開始，你會抱怨他打擾了你，接著你開始可憐自己——「別人玩得那麼開心，而我卻只能對著電腦敲擊這無聊的鍵盤」。但如果這時你提醒自己，留在這裡的原因——「把這個案子整理好，並交給上司，就有百分之九十的機率成為企劃部的主管！」一想到自己的職位將升遷，你就會馬上沉浸於工作中了。

第二，學會用心工作

很多資深的員工習慣於只用手在工作，因為這些工作他們已經很熟悉了，閉著眼睛都能做好。然而只用「手」工作會使人們把十年當做一天來過——十年過後，他們只掌握了一種工作方法！也就是說，十年來他們在自己的工作上沒有任何進步！這對於人才競爭日益激烈的現代人來說，無疑是一個令人恐慌的消息。勤奮工作不僅是要盡善盡美地完成工作，還必須用眼睛去發現問題，用你的耳朵去傾聽建議，用你的大腦去思考、去學習，把十年真正當做十年來過，那麼十年之後，你還擔心不被老闆所賞識嗎？其實根本用不了十年，三年、五年，你可能就會被提拔和重用了。

聰明的猶太人認為，勤奮工作並不是要機械性地工作，而是用心在工作中學習知識，總結經驗。上班時間內無法完成工作而加班，那不是勤奮，而是不具備在規定時間裡完成工作的能力，是低效率的表現。

第三，自我獎勵

猶太人認為勤奮總與「苦」和「累」聯繫在一起，如果長期處於苦和累的環境中，可能會厭倦，甚至放棄，所以應適時獎勵自己。當掌握了一種好的工作處理方式，或工作效率提高之後，不妨去看一場嚮往已久的表演，或是專心為自己準備一頓豐盛的晚餐。這樣的獎勵，往往能刺激你加倍努力工作。

其實勤奮並不是要人一刻不停地工作。把自己弄得精疲力盡，只會讓效率低落。所以不妨在工作累了的時候，花上幾分鐘時間放鬆一下，幫自己緊張的大腦轉換一下心情。

第四，在達成既定目標之後，仍然要繼續努力

猶太人的另一個觀點是：「勤奮通向成功，而成功很可能會成為勤奮的墳墓。」一項調查指出，諾貝爾獎的得獎人獲獎之後的成就、論文篇數等往往遠不及其獲獎前的一半。成功之後

就不再努力的例子並不鮮見。很多人在憑藉著勤奮努力終於被上司所提拔和重用之後，就覺得應該放鬆一下了——為自己前段時間那麼辛苦的工作補償一下，結果又回到好逸惡勞、不求上進的生活模式之中。

猶太人流行一句名言：「人生有兩齣悲劇，一是萬念俱灰，二是躊躇滿志。」這兩種悲劇，都會導致勤奮努力中斷。我們應提醒自己，在達成了初階目標之後，要繼續提醒自己還有一個中程目標，告訴自己還有更加美好的前途正等著自己，讓自己繼續奮鬥，不能就此荒廢。

猶太人時時告誡自己，在職場中不倒的英雄所憑藉的絕不是安逸中的空想，而是踉蹌中的執著、重壓下的勇敢，和艱苦中的勤勉和奮發向上，是在任何環境中的紮實工作和鍥而不捨的求知精神。這是他們成功的祕訣，也是所有想成功的人必須具備的崇高美德。

猶太人認為，一個人如果能像一顆顆種子不斷從大地吸取營養，惜分惜秒，點滴積累地愛惜時間，他便能成就大業，為自己鑄造輝煌的前途。

人生的許多財富，都是平凡的人們經過不斷努力而取得的。人類的幸福就在於沿著已有的道路不斷開拓，永不停息。那些最能持之以恆、忘我工作的人，往往是會成功的。

人們總是責怪命運的盲目，其實人對自己的掌握，比命運走向還要盲目。猶太人認為，天道酬勤，財富總會流向那些勤懇工作的人手中，正如優秀航海家駕馭大風大浪一樣。歷史不斷的印證，在獲得巨大財富的過程中，那些最普通的品格，例如合群、注意力、專心致志、持之以恆等等，往往發揮了深遠宏大的作用。就算是蓋世天才也無法輕忽這些特質的效用，一般資質的人就更不用說了。猶太人科學家弗斯特認為，天才就是點燃自己的智慧之火，天才永遠勤勞。

許多猶太富豪能擁有巨額的財富，其實與他們的辛勤實幹關係密不可分。他們的每一份收穫，都凝聚著他們的努力與汗水。

猶太富豪從來不拖延，也不會等到「有朝一日」再去行動，而是今天就動手進行。他們極其忙碌、盡其所能辛勞一天之後，第二天接著去做，不斷努力、失敗，直至成功。

猶太人一遇到問題就馬上動手去解決。他們不會為了煩惱而停下手邊的工作，因為發愁不能解決問題，只會不斷增加憂慮。當成功者開始集中力量行動時，總是興致勃勃、幹勁兒十足地去尋找解決問題的辦法。你遇見過那種喜歡說「假若……我已經……」的人嗎？有些人總是喋喋不休地大談特談他以前錯過了什麼成功機會，再不就是正在「打算」將來幹什麼偉大的事業。聰明的猶太人從來不會這麼做。

失敗者總是考慮他的那些「假若如何」，所以總是因故拖延，總是順利不起來。總是談論自己「可能已經辦成什麼事情」的人，不是進取者，也不是富翁，他只是個空談家。如果是「實幹家」，會這麼說：「假如說我的成功是在一夜之間得來的，那麼，這一夜乃是無比漫長的歷程。」

不要等待「時來運轉」，也不要由於等不到而覺得惱火和委屈，要從小事做起！要用行動爭取勝利。從現在起，不要再說自己倒楣了。只要專心一致去做好你現在所做的工作，堅持下去直到把事情做好，機會就會來到。怨天尤人不會改變你的命運，也不可能讓你擁有財富，只會耽誤你的光陰，如果你想要天時地利，就去找一項你能夠拼上一拼的工作，然後努力去幹。幸運不是偶然的，只要勤奮工作，就會把財富女神召喚來。

勤能補拙是良訓

猶太人相信「勞動創造了一切」，他們把勞動當做財富之源。

猶太商人巴菲特認為，培養良好的習慣是很關鍵的一環。只要養成不畏勞苦、敢於拼搏、堅持到底的勞動習慣，那麼無論我們做什麼，日後都將能在競爭中立於不敗之地。

猶太人常說的「勤能補拙是良訓」，講的也是這個道理。

有位以辯才出名的猶太人正是由於養成了反覆訓練、不斷實踐這種看似平凡、實則偉大的品格，才成了參議院中傑出、輝煌的人物。當他還是一個小孩的時候，父親就讓他站在桌子邊練習即席背誦、即席作詩。首先他的父親讓他盡可能背誦一些訓誡。當然，起先並無多大進展，但天長日久，滴水穿石，最後他能逐字逐句地背誦全部訓誡內容。所以，後來在議會中，他能以其無與倫比的演講藝術一一駁倒他的辯論對象。但幾乎沒有人能猜測到，他在論辯中表現出來的驚人記憶力，正是他父親以前嚴格訓練的結果。

在一些最簡單的事情上，反覆的磨練確實會產生驚人的結果。拉小提琴入門容易，但要達到爐火純青的地步卻需要花費多少辛勞的練習！一位年輕人曾問猶太人音樂家瑪笛爾「學拉小提琴要花多長時間」，瑪笛爾回答道：「每天十二小時，連續堅持十二年。」

俗話說：「勤奮是金。」一個芭蕾舞蹈演員要練就一身絕技，不知道要流下多少汗水、飽嘗多少苦頭，一招一式都要花費難以想像的肌肉鍛鍊。一位著名的猶太人芭蕾舞演員，在準備她的夜晚演出之前，往往得接受她父親兩個小時的嚴訓。歇息時真是筋疲力盡，她想躺下，但又不能脫下衣服，只能用海綿擦洗一下，藉以恢復精力。舞臺上那靈巧如燕的舞步，往往令人心曠神怡，但這又來得何其艱難，「臺上一分鐘，臺下十年功」在這樣的例子中表達得淋漓盡致。

一位著名的猶太商人說道：「耐心和毅力就是成功的祕密。沒有播種就沒有收穫；光播種，而不善於耐心地、滿懷希望地耕耘，也不會有好的收穫。」點滴進步都是得之不易，龐大的財富亦非唾手可得。千里之行，始於足下。凡事都需要開始和堅持，再大的成就，都是從零開始。讓我們開始啟動自己的堅持與卓絕，動起來，做下去。

4. 機會來自踏實苦幹

在人才競爭日益激烈的職場中，怎樣才能獲得成功的機會？是依靠對工作的抱怨、拖延和偷懶嗎？如果你始終把工作當做一種懲罰，那麼你將永遠無法獲得成功的機會，甚至你可能連目前這份你認為大材小用、埋沒了你才華的工作都保不住。

在猶太人看來，機會都是為那些勤奮的人而準備的。要想在這個人才輩出的時代，走出完美的生涯之路，唯有依靠勤奮的美德，認真對待自己的工作，在工作中不斷進取，才有可能脫穎而出。

做好每一件小事

猶太人華勒是某一建築工程公司的執行副總，數年前他是以送水工被這支建築隊招聘進來的。華勒並不像其他的送水工那樣，把水桶搬進來之後，就一面抱怨工資太少，一面躲在牆角抽煙，他給每一個工人的水壺倒滿水，並在工人休息時，纏著他們詢問關於建築的工作內容。很快地，這個勤奮好學的人引起了主管的注意。兩周後，華勒當上了計時員。當上計時員的華勒依然勤勤懇懇地工作，他總是早上第一個來，晚上最後一個離開。由於他對所有的建築工作，例如打地基、堆疊磚塊、刷泥漿等細節都非常熟悉，當建築隊的負責人不在時，工人們總喜歡問他。

一次，負責人看到華勒把舊的紅色法蘭絨撕開包在日光燈上，以解決施工時沒有足夠的紅燈來照明的困難，負責人決定讓這個勤懇又能幹的年輕人當自己的助理。持續努力到最後，他當上了公司的副總，但他依然專注於工作，從不說閒話，也從不牽扯到任何紛爭之中。他鼓勵大家學習及運用新知識，還常常擬計畫、畫草圖，向大家提出各種好的建議。只要給他時間，他可以把客戶希望他做的所有的事做好。

猶太人華勒並沒有什麼驚世駭俗的才華，他只是一個窮苦的孩子，一個普普通通的送水工，但是憑著勤奮工作的美德，他幸運地被賞識，並一步一步地成長。沒有什麼比這樣的故事更觸動心靈，也沒有什麼比它更能洗滌心靈。它不是發生在二十世紀的二、三十年代，也不是四、五十年前的事，它就發生在這個充滿了機遇和挑戰的競爭時代。它告訴我們，要想在這個時代脫穎而出，你就必須付出比以往任何時代更多的勤奮和努力，擁有積極進取、奮發向上的心，否則你只能由平凡轉為平庸，最後變成一個毫無價值、沒有出路的人。

所以，無論你現在所從事的是什麼樣的工作，不管你是一個水泥工人，還是一個精英，只要你勤勤懇懇地努力工作，你就是成功，就是老闆認可的。

意志、工作、等待

猶太人認為唯有勤奮者才能在無垠的知識海洋裡獵得真才實學，才能不斷在知識領域獲得知識的酬報。卡萊爾說過：「天才就是無止境刻苦勤奮的能力。」只要我們不怠於勤，善求於勤，就一定能在艱苦的勞動中取得事業上的偉大成就，得到完滿的事業。

有一位著名的猶太化學家，小學時因成績不好，被人認為是「沒有出息的學生」，但他靠著一股志氣，選擇以「意志、工作、等待」，做為努力的準則，最終成為偉大的化學家。

至於被稱為「超人」的季辛吉，原是一個被納粹迫害的猶太難民，因念不起高中，曾在牙刷工廠勤工儉學，還當過二等兵。後來靠他努力奮鬥，終於成為哈佛大學的名教授，並當上了美國國務卿，還獲得了諾貝爾和平獎。

他們獲得了成功，是因為他們有實力，但是他們的實力是從努力中得來。誰都知道，機會是重要的，是成功必不可缺的因素。也就是說，沒有機會，縱然才華橫溢的人，也未必能成功。但是沒有實力的話，即使有再多好機會出現在身邊，也未必能抓住機會。

由此可知，實力是內因，機會是外因；實力是主要的，機會是次要的。想獲得事業成功，首先應下功夫提高自己的實力。有了實力，一旦遇上機會，最後總能成功。即使錯過了這次機會，未來總會把握住另外一個機會。如果自己沒有實力，又不願勤奮努力，老是期待著機會自動來到自己身邊，這樣的人，到頭來只會兩手空空！

5. 成功從「勤做小事」開始

成功的猶太人認為，好的習慣是靠日積月累而養成。成功來自於平常累積的學習和訓練。切莫輕視細節和小事，因為任何事物都會在逐漸累積中改變。要善於從小事做起，並且把小事一件件做好，才能做成大事。

不管事情大小，都要實實在在地去做

猶太人相信伏爾泰的這句話：「使人疲憊的不是遠處的高山，而是鞋子裡的一粒沙子。」在人生的道路上，我們很有必要隨時倒出鞋子裡的那粒沙子。生活中，將你擊垮的不是那些巨大的挑戰，而是一些非常瑣碎的小事。不少人都有著這樣的體驗：當災難突然降臨時，人們常會因為恐懼、緊張，而不由自主地產生巨大的抗爭力量。當困擾你的是一些雞毛蒜皮的小事時，你可能就會束手無策，因為它們是生活的細枝末節，微不足道。然而，正是這些看似微不足道的小事，卻能無休止地消耗人的精力。

成功的猶太人認為，要想建功立業，也需要從一件件日常之中的平凡小事做起。正所謂「千里之行，始於足下」。那種視「善小而不為」，認為做「善小之事」屬於「表面化」與

「低層次」的人，是屬於眼高手低的人。猶太人經常教育孩子，要想做一個有志有為的年輕人，必須自覺地從身邊的舉手之勞做起，能夠完成一件極其微小的好事，永遠比「視善小而不為」的人強，因為「天下難事必作於易，天下大事必作於細」。

美國標準石油公司曾經有一位小職員叫布朗。他在出差住旅館的時候，總是在自己簽名的下方，寫上「每桶四美元的標準石油」字樣。在書信及收據上也不例外，簽了名，就一定寫上那幾個字。他因此被同事叫做「每桶四美元先生」，而他的真名倒沒有人叫了。

公司董事長洛克菲勒知道這件事之後，說：「竟有職員如此努力宣揚公司的聲譽，我要見見他。」於是邀請布朗共進晚餐。

後來，洛克菲勒卸任，布朗成了第二任董事長。

在簽名的時候署上「每桶四美元的標準石油」，這算不算小事？嚴格說來，這件小事還不在布朗的工作範圍之內，但布朗做了，並堅持把這件小事做到了極致。在那些嘲笑他的人中，肯定有不少人才華、能力在他之上，可是最後，只有布朗成了董事長。

成功藏在細節裡

還有一些人因為事小而不願去做，或抱持一種輕視的態度。

蘇格拉底曾有這麼一個故事。

據說，在開學第一天，蘇格拉底對他的學生們說：「今天咱們只做一件事，每個人儘量把胳臂往前甩，然後再往後甩。」說著，他做了一次示範。

「從今天開始，每天做三百下，大家能做到嗎？」

學生們都笑了，這麼簡單的事，誰做不到？可是一年之後，蘇格拉底再問的時候，全班卻只有一個學生堅持下來。這個人就是後來的大哲學家柏拉圖。

「這麼簡單的事，誰做不到？」這正是許多人的心態。但是，請看看吧！那些成功的猶太人，他們與我們都做著同樣簡單的小事，唯一的區別就是，他們從不認為他們所做的事是「簡單的小事」。

一個人的成功，有時純屬偶然。可是，誰又敢說，那不是一種必然呢？

皮亞是猶太銀行大王，每當他向年輕人回憶往事時，他的經歷常會令聞者沉思起敬。人們在羨慕他的機遇的同時，也感受到一個銀行家身上散發的特殊風範。

皮亞在求學期間，就有志於銀行界的工作。一開始，他去一家最好的銀行求職。然而一個毛頭小子對於知名銀行來說並不起眼，皮亞的求職碰壁了。後來，他去了其他銀行，結果也是令人沮喪。但皮亞要在銀行裡謀職的決心一點兒也沒有受到影響，他一如既往地向各間銀行求職。有一天，皮亞再次來到那家最好的銀行，「膽大妄為」地直接找到了董事長，希望董事長能雇用他。然而，他與董事長一見面，就被拒絕了。對皮亞來說，這已是第五十二次遭到拒絕了。當皮亞失魂落魄地走出銀行時，看見銀行大門前的地面上有一根大頭針，他彎腰把它撿了起來，以免傷到他人。

回到家裡，皮亞仰臥在床上，望著天花板發愣，心想命運對他為何如此不公平，連讓他試一試的機會都不給。在傷心中，他睡著了。

第二天，皮亞再次準備出門求職。在關門的一剎那，他看見信箱裡有一封信，拆開一看，皮亞欣喜若狂，甚至有些懷疑是否在做夢——他手裡的那張紙是錄用通知單。

原來，就在昨天皮亞蹲下身子去撿地上的大頭針時，被董事長看見了。董事長認為心思如此縝密的人，很適合當銀行職員，所以就改變主意決定錄取他。皮亞是連一粒沙、一根針也不會粗心大意的人，因此才能在銀行界平步青雲，達到功成名就的一天。

於細處可見不凡，於瞬間可見永恆，於滴水可見太陽，於小草可見春天。這幾句話說的都是一些舉手之勞的事情，但是不一定所有的人都願意動手處理，就算是偶爾有人願意為之，卻總也不能持之以恆。可見，從「舉手之勞」中可以反映出人的崇高與尊貴。難怪古人云「勿以善小而不為」。

專心做好每一件事

成功的猶太人常常說：「一個人的一生，只要做好一件事，就可以了。」

我們的時間、精力、腦力都有限，老天分配給每一個人的時間都是公平的，大家都一樣，擁有一天二十四小時的時間。所以當你在一生或一段時間內選擇一、兩個目標時，就應該把所有的時間、精力、腦力用在這方面。社會上有一些專才或專家，他們可能連一般的生活常識也不清楚，但他們在某些專業領域比一般人都在行。這就是因為他省卻了其他時間，專心做自己擅長的一兩件事。他們在這一兩個方面花的時間比其他人多得多，所以成功了，於是在這方面有了比人家更多的回報，這也是一種捷徑。這種人很知道節約時間、精力和腦力，他們知道少與他人討論沒有意義的事情，也是一種節約，所以他們能夠比較快速成為成功者。

很多事情都是說起來容易做起來難。每個人都有不同的人生軌跡以及不同的目標，千萬不要和別人比較，要永遠堅定自己的信念。猶太人在他們的事業道路上經常提醒自己，要牢牢把握住自己的人生大目標，紮紮實實，一步一個腳印走下去。

在以色列的一個小鎮上，有一位年輕的猶太人。他是一個守門人，也許是因為工作太輕閒，為了打發時間，他經常讀一些歷史方面的書籍，做為自己的閒暇樂趣。就這樣，他擔任守門人六十多年後，歷史方面的書籍竟然也讀了六十年。他憑藉著自己的這份毅力，終於把歷史研究到了高深的境界。最後，他的聲名遠播，只有初中學歷的他，被授予院士頭銜，成為了世界上著名的歷史學家。

這位猶太人成功的例子，為世人帶來了一個燦爛的人生理念：「一輩子做好一件事。」宇宙無限，人生有限，每個人都應當把有限的時間、有限的精力集中起來，做一件應當做、且可能做好的實實在在的事情。把目標確定以後，便凝聚自己的全部心力、體力，心無旁騖，堅守初衷，直到成功。

我們的腦袋有超過一百四十億個腦細胞，即使是成功的猶太人也是一樣，他們大腦潛力的開發也是一樣，不足百分之十，可見，要求一個人一生做好一件事並不難，關鍵是能否有堅持到底的毅力。有的人只圖眼前，不計長遠，風來隨風，雨來隨雨，見到什麼都被吸引過去，湊一湊熱鬧。結果，常常到頭來只落得兩手空空，一事無成。

一生只追求做好一件事情，是做人的一種方式，或者說，是一種活下去的方式。讓我們描繪自己的人生座標，堅持不懈地做好自己該做且能做好的一件事。這輩子也就算是沒白活了。

猶太民族的成功主要是靠勤奮的民族精神，在發達之後，他們更體會到勤奮的長遠作用，因而依然保持勤奮。相反，許多落後民族之所以會落後，主要是長期懶惰造成的惡果，在落後之後，這些民族也往往看不到勤奮的長遠意義，因而仍然不夠勤奮。而猶太民族卻能總是體會得到勤奮的意義，因而更樂於選擇勤奮；而懶惰的人通常是因為不知道勤奮的長遠作用而倦怠下來，也由於長期體會不到勤奮的作用，而更願意選擇懶惰。

猶太人意識到如果不努力奮鬥，民族便難以生存及發展，這種意識促使他們異常努力，對於整個民族的發展、起了很大的作用。而有的民族比較懶惰，面對競爭萬分激烈的二十一世紀，民族的生存、發展將會面臨更大的挑戰，勤奮的精神似乎正在退化，怕苦怕累、貪圖安逸、無所事事、無所作為的現象隨處可見，如果長此下去，難保民族衰退的悲劇不會發生。

除了大環境以外，猶太人認為，勤奮有利於個人的發展。

1.有利於成才及發展事業

猶太人除了經常投入大量時間和精力去改善做事方法，還會投入足夠的時間和精力學習，他們認為只有這樣才能累積能力。他們認為只有投入足夠的時間和精力發展事業，才能有所作為，如果不投入足夠的時間和精力改善方法，導致方法錯誤或是有了偏差，那麼，無論再怎麼努力，效果都會是不理想的。成功猶太人的素質不一定都是高的，但是他們有一顆寶貴的勤奮之心，經過長期的努力，不僅彌補了缺點和不足，還成為炙手可熱的人才，成就了大功。換言之，一個再聰明的人，如果有著懶惰的習性，也會慢慢地變得愚蠢無知。

2.勤奮有利於享受生活

猶太人同時也能認識到勤奮對於創造美好生活的重要性。他們認為長期的勤奮有助於累積才華，並能在有所作為之後，享受美好的生活。勤奮也能給人帶來快樂，或許一時之間所得並不多，但一生勤奮積累下來，將可獲得無數的歡樂。如果不勤奮而導致不成才或無所作為，就難以享受美好的生活。

3. 勤奮有助於健康長壽

猶太人在創業的過程中時時提醒自己：懶惰使人消沉、貧窮、落後。雖然不感覺勞累，但是生活空虛，難以快樂，這樣的狀態對身心健康的損害或許不大，但是長期積累下來，卻會造成很大的損害。懶惰的人很少有健康長壽的，也很少快樂且成功的。猶太人不但在事業上注重勤奮，在生活中同樣勤奮。他們認為適度的勤奮讓人的身心得到鍛鍊，既使人充實、進步，又讓人活躍、快樂、健康，有利於事業發展而又有益於健康。只有勤奮，才會長遠地影響身心健康及事業發展。

6. 堅持不斷進取的精神

聰明的猶太人認為，勤奮創造財富、贏得競爭，是最讓人敬佩的品德。怎樣才算是勤奮呢？有揮汗如雨的勞動者；有衣帶漸寬終不悔的鑽研者；有嚴以律己、善於與人相處的組織者；有善於觀察、發現機遇的創造者。他們都是勤奮的人，細細揣摩，這些人的勤奮又有所不同。

嚴以律己、善於總結的組織者，勤奮在心靈深處，多數成為組織內部的管理者和領導者；善於觀察、發現機遇的創造者，勤奮在於對知識的昇華和運用，多數成為財富的創造者；衣帶漸寬終不悔的鑽研者，勤奮在智力，多數成就在科學研究領域，並獲得榮譽和尊敬；而揮汗如雨的勞動者，勤奮在體力。雖然他們是財富的直接創造者，但他們占有的財富卻很少，社會尊重他們，並依賴他們的存在而運行著。

但凡偉大的人，無不或多或少地具有一種名叫「勤奮」的天賦，該天賦是一切其他天賦的前提。人們的失敗，往往不是智商太低或缺乏靈感，僅僅是因為勤奮不起來。

在猶太人看來，勤奮源自執著，執著來自信念。信念不等於理想，因為理想與幻想的內容是一樣的。樹立某種遠大的理想，從來不能確保一個人從此就能夠變得偉大。沒有被付諸實行的信念，仍然是分文不值。對一個有信念的人來說，勤奮是最佳的達成方式。為了信念而勤奮的人，才會獲得成功。

勤奮是最讓人敬佩的品德，不過勤奮也有著多種不同的內涵和層次。最上者為勞心者，其次為勞智者，最末為勞力者。因此，我們要時刻檢討自己是否勤奮，勤奮屬於哪種形式，最終要讓自己從心靈和精神層面全面勤奮起來。

猶太人流行「一勤天下無難事」這句話。勤，對好學上進的人來說，是一種美德。我們所說的「勤」，就是要人們善於珍惜時間，勤於學習，勤於思考，勤於探索，勤於實踐，勤於總結。

勤奮是點燃智慧的火把

勤奮是點燃智慧的火把。一個人的知識多寡，關鍵在於勤奮的程度。在猶太人之間，流行著這樣一句話：「人生在勤」，貴在堅持是成功的一個基礎因素。

一事業上的成功，需具備三個基本條件：天資、機遇和環境、勤奮。其中，勤奮是極為重要的，它是一個人能夠成功的基礎因素。愛迪生說：「天才是百分之九十九的血汗加上百分之一的靈感。」猶太人正是用百分之九十九的血汗贏得了全世界的矚目。

勤奮包括三個方面：勤奮地學習、勤奮地思考、勤奮地實踐，並且把三者結合起來。學習是基礎，思考是關鍵，實踐是根本。勤奮必須長期實踐，要有「十年磨一劍」、「滴水穿石」的精神。光靠勤奮是不夠的，還要靠堅持。

每個人都應該活到老，學到老。青年時期是最富活力的，也是最可貴的。因此，應該從現在做起，一直堅持下去，只有如此做，才可能獲得成功。

俗話說：「一份耕耘，一份收穫。」猶太人也同樣相信這句話。

有一位著名的猶太生物學家，每天早晨總是第一個抵達研究室，很晚才離開。圖書室十點關門，回到自己的小屋後，就在煤油燈下繼續讀書，常常讀到午夜一、兩點。不僅這一位猶太人如此，其他許多成功的猶太人同樣如此。因為他們認為，勤奮可以創造成功，具備天資的人要有作為，仍是離不開勤奮的。

勤奮的學習，能夠讓天資不夠高的人同樣有所作為；若是具備天資，卻不注意後天的培養，不勤奮學習，也沒辦法有什麼作為。

猶太人常把「勤能補拙是良訓，一分辛勞一分才」這句話視為座右銘。如果你是個自認沒有天賦的人，請不要悲觀，只要付出勤奮的勞動，就一定會有收穫；而那些很聰明的朋友，也不要在稱讚的聲浪中感到驕傲，要明白，沒有耕耘，是不會在豐收的季節獲得碩果的。

天賦＋勤奮，成功機會加乘

天賦與勤奮是一個歷久彌新的話題。從古人到今人，大都承認每個人的天賦各有差異，但翻閱史籍後，則不難發現，一個人最終能否有所成就，甚至為社會進步做出較大貢獻，往往並不是基於天賦，而是與勤奮努力密切相關。

聰明伶俐的孩子總是招人喜歡，但卻未必個個都能成大器。一個人如果具備超凡的天資，再加上勤奮努力，則「才、學、識」將可得而兼備。其實論智力，猶太人並不比其他人聰明多少，大多數的才智和天賦不過中等。他們的超凡成就，是因為他們在治學治事上鍥而不捨、持之以恆。他們取得的成就往往讓人讚歎不已，其自強不息的人生態度令人欣賞和羨慕。

一位猶太哲人說：「世界上能登上金字塔的生物有兩種：一種是鷹，一種是蝸牛。」不論是天資奇佳的鷹，還是資質平庸的蝸牛，牠們能登上塔尖，極目四望，俯視萬里，都離不開「勤奮」兩個字。

一個人之所以能夠有所成就，環境、機遇、天賦學識等外部因素固然重要，但更重要的是自身的勤奮與努力。缺少勤奮的精神，哪怕是天資奇佳的雄鷹，也只能空振羽翅、望塔興歎。有了勤奮的精神，哪怕是行動遲緩的蝸牛也能雄踞塔頂。

猶太人同樣相信「笨鳥先飛」這個道理，意思是要想不落後於人，就要比別人勤奮，就要比別人先行動。現實生活中，有些人自恃天資聰穎，不肯「先飛」、不肯勤奮學習，而又藐視

「笨鳥」，這種思想和行為是極端錯誤的。「笨鳥先飛」是一種不甘落後、勇於爭先的表現。很多猶太名人就是發揚了「笨鳥先飛」的勤奮精神，才從一個智力平常的普通人成為偉大的人物，就是因為他們一直在用這句話來告誡自己。其實，即使是天賦好的「靈鳥」也要先飛，否則就有變成「笨鳥」的危險。魯迅說：「偉大的事業與辛勤的勞動是成正比例的，有一份勞動就有一份收穫，日積月累，從少到多，奇蹟就會出現。」

一位剛上任的猶太人在對董事會提出自己的改革主張時，未能被接受。他深感自己的學養不足，說服力不夠，於是回家刻苦攻讀，常常苦讀到深夜。有時實在太累了，眼睛睜不開，他就想盡各種辦法繼續讀書。最後，終於以自己的才華說服了公司的高層。

在形形色色的世界裡，有著各式各樣為人所歌頌的議題。人生一世，草木一秋，在短暫的人生中，人們似乎都在尋找一種永恆，一種可以讓生命充實而有意義的永恆。

第一，勤奮是一種持久的美德

猶太人認為，人們下定了決心要去做事情的時候，首先應當具備的，就是持久的精神。只有抱持這種態度的人，他的勤奮才不是「三天打魚，兩天曬網」，他的勤奮才能如鐵杵成針、水滴石穿一樣，是具備成效的。世界上的任何事情，都不是輕而易舉就能完成的，尤其是為眾人所追求的目標、成就或真理，無不須以巨大的代價來換取。在這些代價中，最重要的就是持久的時間，是一種永不放棄、永不鬆懈的精神狀態。

第二，勤奮是一種紮實的工作態度

猶太人還把勤奮視為一種紮實的工作態度只有紮紮實實、腳踏實地的往前走，才算得是一種正確的生活態度。

第三，勤奮是一種幸福

只有把勤奮視為一種幸福的人，才能真正地將勤奮貫徹始終。因為勤奮已經成為他們生命不可分割的一部分，成為一種生活的慣性，他們只有在忙碌中才會覺得充實、才會有幸福的慣性。

為了成功，許多人為之嘔心瀝血、屢敗屢戰。世界上沒有僥倖得來的成功。成功是淚水和汗水澆灌的鮮花，成功是坎坷和曲折造成的奇蹟，成功只青睞那些心地善良、勤奮勇敢的人；成功只與持之以恆、堅韌不拔的人為伴。追求成功，不必被那些虛榮的現象所迷惑。「臨淵羨魚，不如退而結網」，老老實實從一點一滴做起，腳踏實地地跨越理想與成功的距離吧！

成功是智慧與汗水累積而來

世界上沒有一蹴可及的成功，人們應該老老實實，用智慧和汗水認真把握成功旅程中的每分每秒。青春是短暫的，成功是永恆的，讓我們每一天都憧憬未來，追求希望，為成功做些必要的事情。

每個人都希望自己的一生能有一個比較理想的位置，讓自身價值得到充分的體現。這就意味著你對生命的一種追求。因此你總會有意無意地對人生進行規劃，希望在生命中的每一個階段都能達到一個既定的目標，以實現美好的願望，這也是走向成功道路的一種追求。

有許多人害怕面對時代的轉變，他們總是以為自己會跟不上時代的步伐而被淘汰，他們不知道如何去面對變化的時代，也不知道採取什麼樣的行動。當他們看到周圍的人不斷調整自己，因為改變自己而達到適應社會發展的最佳狀態時，他們除了焦慮、憂鬱，還堆積了許多的不安、壓力。有些人常埋怨自己平凡，而不能成為一個勝利者，其實我們已經知道，「每個人的發展潛力差異並不大，其實猶太人成功的祕訣，就是在於他們懂得儘量活用時間，去發揮這些最基本的天賦」。但是試想一下，若是只有安全，沒有了挑戰以及因應挑戰而發生的改變，世界將是多麼單調和沒有活力。儘管我們憑著科學的力量可以將人的壽命延長至八十歲、九十歲，甚至更長，但是若過著失去自主性的平淡人生，再多的時間，對我們來說又有什麼用呢？

猶太人對時光有著與眾不同的看法，他們認為浪費人生，不如自由地做自己想做的事，主動朝著目標進軍，讓生活充滿活力與激情，勇敢接受挑戰，並努力改變自己。

人一旦有了夢想，有了目標，人生就變得充滿意義，一切似乎都清晰明朗地擺在眼前。什麼是應當去做的，什麼是不應該去做的，為什麼而做，為誰而做……所有的要素都是那麼明顯清晰。至於什麼都不去做，只想靠別人的人，則是完全沒有改變的希望。人的一生變化，都是緣於自己的創造力。機會有時潛伏在你努力的工作和學習中，有時徘徊在無人注意的境地裡，假如你沒有以苦幹的精神努力去尋找，你失去的將不只是機會，而是失去信心。

人生是屬於自己的，你必須自行選擇生活的方式，然後自己去開拓，積極主動爭取，使自己的人生有好轉的開始。

在猶太人看來，成功是健全的人生應有的積極主題。

一個女孩伸手去摘一朵盛開的玫瑰，突然，一根尖刺刺入手指，她趕快縮回手，哭喪著臉說：「為什麼每朵花下都有刺？」

我們都有過相同的境遇。當我們確定好一個目標後，起步走，目標總是輝煌奪目的，但路途卻是那麼漫長而崎嶇。於是有人開口說道：「為什麼成功總是那麼難？」

猶太人常常這樣告誡自己：「世上沒有不費吹灰之力便可得到的成功。」成功需要代價，不忍受一定的苦難，就無法獲得成功。

猶太人在學習上也非常勤奮，他們認為不付出辛勤的汗水就無法取得成功。他們能忍受奮鬥途中的艱辛，不怕被荊棘刺傷，在困難面前從不退縮；從來不怕艱辛，忍受求學之路上的種種困難，用汗水鋪成了一條通往成功的道路。雖然他們那舉起鮮花的雙手已經血跡斑斑，但他們畢竟成功了，而且還受到了全世界的尊敬。

要在學習和工作上取得成功，還要懂得累積的功夫。有一位猶太小說家每研究一個科學問題，總是事先蒐集大量資料。他去世後，人們在書房中，發現他親手摘抄的筆記竟多達兩萬五千本。

要獲得成功，需重視基礎，需懂得積累，需善思考，需有恒心，在這期間，還需要付出代價。

「每一朵花之下都有刺」，沒有一種成功不需付出代價。我們要有信心、勇氣和毅力，才能到達光輝的頂點。

肆／

堅持做事先做人

有些人常常在成功的前一刻功虧一簣，

那是因為他們在處事上忽略了待人處事的道理。

猶太人的成功，

有一大部分因素是由於他們能夠妥善處理好待人接物的細節，而且堅守原則。

1. 尊重他人隱私

為了尊重別人的隱私，也為了防止他人探查個人隱私，猶太人甚至以法律來規範隱私的重要性。猶太人為了尊重隱私，非常注重守口如瓶，他們認為能夠守口如瓶的人，才是善於生活的高手。一個人是否能夠保守祕密，正意味著他是否值得信賴，猶太人常常把人的價值用保守祕密到何種程度來予以衡量。

猶太人認為，只要祕密仍保留於自己手中，你便是祕密的主人；當你說出祕密之後，便會成為它的奴隸。一個人得知一件祕密時，往往會沉不住氣地想把它透漏出來，這是人之常情。當一個人手中握有某種祕密時，他便能藉此引人注意——每一個人都喜歡探知別人的祕密，同時也希望吸引他人注目的眼光。當一個祕密被洩漏時，這個洩密者必定備受大眾的注目，因而自覺高人一等。

把嘴巴縫上拉鍊，成為祕密的最終站

在猶太民族中，基於對隱私的尊重，不能在沒有打招呼的情況下，進入別人家中。即使這一家人向人借貸，債主也不能直接闖到債務人家索取抵押，而是應在外面等待，直到對方拿著抵押品出來。

儘管猶太拉比們意識到保守祕密極為困難，但無論是在私領域或是公領域，他們一律強調對信任的尊重。即使在一群共同保守這個祕密的群眾中提起，也是低俗的表現。

不論你面對的是朋友還是敵人，不要講他們的故事。即使沉默的氣氛壓迫著你，也不應洩露別人的祕密。因為一旦祕密被洩露，這個人將不再信任你，而且還會抓住每個機會憎恨你。

守住祕密最好的訣竅，就是讓它死在心裡。不要恐懼，你不會因此而爆炸。否則一個懷著祕密的傻瓜就像一個臨盆婦女一樣痛苦。

據說，拉比艾米的某個學生提前二十四天洩露了一場課堂上的祕密講座。於是拉比艾米把他趕走了，因為他「洩露了祕密」。

曾有一位尊貴的婦女去尋求拉比阿普塔的建議。一看到這個女人，直覺洞察力很強的拉比阿普塔就大喊：「通姦！妳剛剛犯了罪，現在膽敢進入我的房子！」

這位婦女激動地說：「上帝耐心對待有罪的人，祂不去立即懲罰他們，也不洩露他們的祕密，不讓他們在面對祂的時候感到羞愧，祂也不把臉轉過去。然而這個坐在屋子裡的拉比卻一刻也不能忍耐，非揭露上帝隱藏的祕密不可。」

發生了這件事之後，拉比阿普塔常常說：「除了一個女人，誰也沒有打敗過我。」

猶太人對於保守祕密有許多諫言。

「三個以上的人知道的消息，就不能稱之為『祕密』。」

「聽到祕密很容易，但要將之保存下來則是很困難的。」

「傻瓜和小孩不能保守祕密。」

「喝下祕密這種酒，舌頭就會跳起舞來，所以應該特別小心。」

2. 樂於助人

猶太人被迫離開棲息地，歷經殺戮、驅逐、侮辱，四處漂流著。猶太人之所以能在風雨飄搖中倖存，並且更加繁榮興盛，這與他們樂於助人的觀念有很大的關係。可以說是猶太人生存的一個重要法寶。

助人即助己

猶太民族助人助己的觀念是根深蒂固的。

他們認為，提供幫助是「富人的責任」，獲得幫助是「窮人的權利」。在長期流亡的艱苦歲月中，猶太富人往往自覺替窮人掏腰包，救濟窮人在猶太人中成為一種習慣。哪怕是家無三餐的窮苦猶太人，也都保存著一個裝錢的小盒子，準備施捨給比他們更窮的人家。

猶太社區裡必定會有慈善機構，這些慈善機構都是靠富裕的猶太人捐助來維持的。在每週不同的日子裡，窮苦的猶太學生分別到不同的猶太人家去吃飯，以便使得這些學生能夠安心讀書。

猶太人認為助人即助己；自私自利是互助最大的障礙。

在新的移民社區，猶太人雖然沒有嚴密的組織，但是在很多地方，猶太人自行訂了兩條不成文的規定：每週聚會一次，在聚會之中，可以做禮拜，或是開討論會、觀看電影、欣賞音樂等等；在住宅的選擇上，猶太人也會盡可能集中居住在一起，發生意外時，方便互相援助。這種集體特色也體現著助人助己的觀念，猶太人正是利用這一觀念獲取生存機會。

3.相互理解，贏得人心

猶太人希賴爾拉比出身貧寒，靠自己的天賦和勤奮掌握了淵博的知識。希賴爾拉比當了猶太教首席拉比之後，有一天，一位非猶太人出現了。他要希賴爾拉比在他能以一隻腳站立的時間裡，把所有的猶太學問告訴他。

他的腳還未提起來，希賴爾拉比便已把所有的猶太學問濃縮為一句話，告訴了他：「不要向別人要求自己也不願意做的事情。」

尊重他人其實就是善待自己

猶太人認為，人在社會上生活，便意味著人與人之間處於一種互助互諒的關係。這種關係本身又必定建立在互相理解的基礎上，這種理解不論有多少環節，多少障礙，但在經驗上，只要我們大家都是人，就可以從自身趨利避害的原始要求上，找到理解他人的前提。

互相理解、互相謙讓的處世原則，只是一個粗略的說法，在具體的環境中，我們還必須恰如其分地視實際情況來運用這個準則。有個例子，可以貼切說明這個道理。

有一位拉比要求六個人開會商量一件事，可是到了第二天卻來了七個人。

其中肯定有一個人是不請自來的，但拉比不知道這個人究竟是哪一位。

於是，拉比只好對大家說：「如果有不請自來的人，請趕快回去吧！」

結果，七個人中最有名望的人，那個大家都知道他一定有被邀請的人卻站起來，走了出去。

這七個人之中必定有一個未受到邀請，但人都已經到了現場，才當眾承認自己資格不夠，是一件多麼難堪的事情。所以這位有名望的拉比為了那個不請自來的人，居然主動退出，可謂用心良苦。如此設身處地為他人著想，並採取相應的行動，正體現了他的仁慈之心。

這個故事凸顯了猶太民族獨具特色的體貼智慧。除此之外，還承認他人人性的優先性，他們甚至犧牲掉自己的權益，來協調人際關係。一個人沒有權利把自己不願意要的東西強加於他人，但也不應該把一般人都不要的東西強加給自己。

猶太人的足跡分布於世界每一個角落，並創造出令世人刮目相看的成就，一個弱小民族能夠憑自己的信念和出色的成就而生存下來，這是一個奇蹟。從某種意義上說，猶太人尊重他人的道德觀念——互相尊重，彼此寬讓，這正是支撐他們在激烈的競爭壓力和強權夾縫中求生存的藝術。

4. 設身處地為他人著想

一位猶太人實業家曾對員工提出過這樣的忠告：「成功的人際關係在於你有及時捕捉對方觀點的能力，更重要的是能從對方的角度分析問題，並努力做到讓對方滿意。」

常言道：「己所不欲，勿施於人。」所以，我們應該從別人的角度考慮問題，很重要的一點，就是了解他人的需要。

其實每個人都一樣，最關心在乎的就是自己的需求。成功的猶太人告訴我們可以影響他人的好方法，就是留意別人的需要，並設法滿足他。

當你想對人提出要求時，別再絮絮叨叨地說大道理，要先想想：他們想要的是什麼？然後從他們的出發點提出勸告。

舉例來說，如果你要勸告自己的孩子不要抽菸，應該跟他們說，抽菸可能會讓他無法加入籃球隊，或是百米競賽會跑不動，而絕對不是強力反對他們抽菸。從對方的出發點提出勸告，這樣的方式無論是對大人、對小孩，或是略通人性的大猩猩，都很有用，絕對值得你我牢記於心。

愛默生的小牛

一天，愛默生和兒子想把一頭小牛牽到牛棚裡。

愛默生在後面用力推，他的兒子在前面用力拉。但是這頭小牛卻一動不動地站在那裡，一步也不想前進。有個猶太女僕看見了這一幕，雖然她不會著書立說，也沒有多少文化，可她卻比愛默生更懂得牲口的性情。她把自己的手指頭放進小牛嘴裡，一面讓牠吸吮，一面溫和地把牠引到牛棚裡。

連把小牛引進牛棚都要設法從小牛的觀點出發，由此可見，關注他人的需要是何等重要！很多成功的猶太人，都是從平民做起，奮鬥直到成功的。他們在年輕的時候，都有一個共同點，就是無論做什麼事，都當成自己的份內事來做。

這也是許多領袖人物早年在職場中運用的策略：在辦事的時候，永遠把工作當成自己的份內事。如果現在的你正面臨找工作的情境，這個策略也是適用的。但是多數人仍舊忽略了這至關重要的一點。

一個曾經收過數十萬封求職信的猶太人實業家對這個策略有著深刻的體會，他說：「失業者常犯的過錯，就是不用腦子想問題。差不多可以說所有的人——無論是普通人、工程師，還是教授、專欄作家，他們很少能從老闆的角度來考慮問題，而這往往就是他們職業上失敗的致命根源。」

在實際生活中，許多人往往忽略了這一點，即使他面對的是一個最重要的人物時。

讀懂老闆的心

商業界看似充滿了許多有才幹的年輕人，他們辛勤工作，熱愛自己的事業，為公司的發展熱心盡力。他們的勤奮和忠誠使得他們做了主管或領班，但是他們的前程卻似乎永遠停滯於一個階段。

為什麼呢？最根本的原因，就是他們總是按照自己所熟悉的那一小部分業務的思路去解決，而不是從整個公司經營理念及老闆的立場去思考問題。他們從來不曾從老闆的立場設想：「他想怎樣做呢？他是怎樣看待這個人的？如果我處在他的位置上，我應當如何處理這件事情呢？」

從前做過報童，後來成了美國國際公會會長的布拉什也曾說：「在我的工作生涯中，讓我受益最大的一件事，就是我學會了依照著我上司的辦事習慣去做事。我想在每一件事情上、每一個動作上，儘量做得比他要求我的更好。我常常比他更早到辦公室，為他當日的一切計畫做好準備。所以，如果你也想取得事業的成功，就得學會機敏地做事。每走進一次辦公室，你的思想就最好比你的上司更超前一些。預測到他以後的意圖，從而採取必要的行動，來表示你頭腦的聰慧和辦事的機敏。」

然而，在爭取福利這一類重要時刻，有許多人卻總是不注意，甚或完全忽略了老闆的想法和觀點。關於這一點，布拉什說：

你也許會說：「我在這裡幹了好幾年了，我想我一定能勝任那份更好的工作。」或者「我家裡添了人口，我希望能增加一點生活費。」或是「我給老闆每星期加了那麼多班，為什麼他不給我加薪呢？」

這些話也許能打動老闆的同情心，然而，這些事實並不能說明你在工作上有多能幹，更不能說明你理應因此拿到更多的薪水，並享受更高的職位。

對於那些常常能夠領會老闆意圖的人，當他們在要求晉升以前，早就能找到許多可以滿足他們欲求的機會了。

如果想讓別人能順遂自己的意願，記住，在你開口之前，先停下來捫心自問：「我怎樣才能使這個人愉快地去做這件事？」與人相處，就像釣魚，投其所好，才會有所收穫。想要他人為你做些事情，就要從他人的需要入手。

5. 懂得感恩

傑出的猶太人都是懂得感恩的人。猶太人認為，感恩不但是美德，感恩是一個人之所以為人的基本條件。

為什麼我們能夠輕而易舉地原諒一個陌生人的過失，卻對自己的老闆和上司耿耿於懷呢？為什麼我們可以為一個陌路人的涓滴相助而感激不已，卻無視朝夕相處的老闆的種種恩惠，將一切視之為理所當然呢？如果我們在工作中能懷抱著一顆感恩的心，情況就會大不相同。

有感恩，才能心甘情願

猶太人成功守則中，有條黃金定律：「待人如己」。也就是凡事為他人著想，站在他人的立場上思考。有一位成功的猶太人說：「你是一名雇員時，應該多考慮老闆的難處，給老闆一些同情和理解；當自己成為一名老闆時，則需要考慮雇員的利益，多給他們一些支援和鼓勵。」

很多人雖然曾經為他人工作，對這一黃金定律卻不太理解，總認為老闆太苛刻。而當自己成為老闆時，卻又覺得員工太懶惰，缺乏主動性。其實，什麼都沒有改變，改變的只是你看待問題的方式。

猶太人認為，這條黃金定律不僅是一種道德法則，還是一種動力，能推動整個工作環境的改善。當你試著待人如己，多替老闆著想時，你身上就會散發出一種善意，影響而且感染包括老闆在內周圍的人。這種善意最終會回饋到你自己身上。如果今天你從老闆那裡得到同情和理解，很可能就是以前你在與人相處時，遵守這條黃金定律所產生的連鎖反應。

經營管理一間公司或管理一個部門都是相當複雜的工作，總是面臨種種繁瑣的問題。來自客戶、來自公司內部的龐大壓力，這些事務隨時隨地影響老闆的情緒。要知道老闆也是普通人，有自己的喜怒哀樂，有自己的缺陷。他之所以成為老闆，並不是因為完美，而是因為有某種他人所不具備的天賦和才能。因此，我們需要試著從老闆的立場為他著想。

許多人總是無法理解自己的上司，認為他們不近人情、苛刻，甚至認為老闆可能會阻礙有抱負的人獲得成功。這一類人不但對上司和工作環境有意見，對公司、對同事，也總是有著滿腔的抱怨。同情和寬容是一種美德，如果我們能設身處地為老闆著想，懷抱一顆感恩的心，或許能重新贏得老闆的欣賞和器重。退一步來說，如果我們能養成這樣思考問題的習慣，最起碼我們能夠做到內心寬慰。我們每一個人都獲得過別人的幫助和支持，應該時刻感謝這些幫助你的人，感謝上天的眷顧。

一個人的成長，要感謝來自身邊的一切恩惠。如果沒有父母養育、師長教誨、沒有社會上每一份子按部就班地為生活付出，我們怎麼會擁有安定的生活？因此，感恩不僅是一種美德，還是一個人處世的基本條件！

羔羊跪乳，烏鴉反哺，動物尚知感恩，何況我們作為萬物之靈的人類呢？我們從家庭到學校，從學校到社會，重要的是要有感恩之心。感恩應成為一種普遍的社會道德，然而人們往往無視朝夕相處的上司、同事的種種恩惠。將一切視之為理所當然，視之為純粹的商業交換關係，這是職場上人與人之間關係緊張的原因之一。

的確，雇傭和被雇是一種契約關係，但是在這種契約關係的背後，難道就沒有一點兒同情和感恩的成分嗎？上司和員工之間並非是對立的，從商業的角度，也許是一種合作共贏的關係；從情感的角度，也許有一份合作情誼。

投資感恩，報酬率無限

猶太人時常教育自己的員工，不要忘記感謝周圍的人、上司和同事，也不要忘記感謝提供自己機會的公司。因為他們了解你、支持你。大聲說出你的感謝，讓他們知道你感激他們的信任和幫助。

猶太人認為，感恩不花一分錢，卻是一項重大的投資，對於未來極有助益。真正的感恩應該是真誠的，發自內心的感激，而不是為了某種目的，迎合他人而表現出的虛情假意。感恩是自然的情感流露，是不求回報的。有些人從內心深處感激自己的上司，但因為懼怕流言蜚語，而將感激之情隱藏在心中，甚至刻意地疏離上司，以表自己的清白。這種想法就不夠成熟，實為可惜。

感恩並不僅僅有利於公司和老闆，對於個人來說，感恩豐富了人生。它是一種深刻的感受，能夠提升個人的心靈境界，發掘出無窮的智能。感恩也像其他受人歡迎的特質一樣，是一種習慣和態度。

感恩和慈悲是近親，時常懷有感恩的心，你會變得更謙和、可敬且高尚。每天都用幾分鐘時間，為自己能有幸成為公司的一員而感恩，為自己能遇到這樣一位老闆而感恩。「謝謝你」、「我很感激你」，這些話應該經常掛在嘴邊。以特別的方式表達你的感謝之意，付出你的時間和心力，為公司更加勤奮地工作，這些感恩的表現，比物質的禮物更可貴。

如果你每天能帶著一顆感恩的心去工作，相信工作時的心情自然是愉快而積極的。學學猶太人的感恩之心，你的生活會有另一片廣闊天地。

6.善於與人合作共事

猶太人重視人與人之間的聯繫，建立了高誠信的商業網絡。家族成員會團結在一起共同經營事業，利用收入來支持家族中有才能的人，培養成族人之中的領袖。如果用足球來舉例，猶太民族就是一個為球場上的球員建立完整的贊助資源的民族。

取長補短，共同進步

猶太人也許是世界上最具有團結合作精神的民族。猶太人影響世界的兩大鉅著《聖經》和《塔木德》，都是集體智慧的結晶。俗話說，「三個臭皮匠，勝過一個諸葛亮」，猶太人的合作往往是幾十人或上千人的合作，這就讓人不得不對這種集體精神大加推崇。猶太人超凡智慧的原因之一，恐怕與此不無關係。

猶太人有良好的共享智慧風範。他們的團隊協作是以充分發揮個人才幹為基礎，提倡在團隊中各盡所能、截長補短、共同貢獻。在團隊中，大家共享成果榮譽或共同面對失敗處罰，真正地榮辱與共，因此必須團結一致，不能有鉤心鬥角的現象。

在猶太人的企業中，按專利版權法規，就算是主要甚至唯一的發明人或設計者，但因為在公司任職時的發明，使用了公司的資金設備、運用的是上班時間，且是在領取公司發的薪水而做出的成就，所以專利是屬於公司所有，發明人無權私自處置。公司在為員工申請專利或報告成果時，也有權把公司老闆和其他同事名字並列。猶太人認為從團隊協作角度來說，就算你身為該團隊的主要一員，但也不能獨攬功勞，因為沒有別人的輔助和公司做後盾，你再有本事，恐怕也無法擁有現在的此成果。

好的團隊才能發揮高工作效益，這取決於管理人士或老闆是否善於集結下屬，激發團隊成員的能量，也取決於每名團隊成員是否具備團隊合作的能力。猶太人公司招募員工時，除考察專業水準外，常把「優秀的團隊合作者」視為主要標準之一。機構和公司也經常根據不同任務組織專案小組，中層員工可能會成為某小組的領頭人，上層主管卻甘願當打雜的普通一兵，大家都不計較排名和功賞。這種多元工作結構，正是猶太人團隊精神平等負責、能屈能伸的展現。

分享成果，凝聚向心力

傑出猶太人認為，團隊的協調性就像人的五官，需要所有成員形成一個共同奮鬥的共識和目標，才能發揮威力。有團隊精神，才能產生創新的力量、發展的力量。

一位暢遊南美洲的猶太人作家曾見過像這樣的奇特景觀。

遊客們點燃乾燥的原始草叢，把一群黑壓壓的螞蟻圍在當中。火藉著風勢，逐漸蔓延，一開始螞蟻有些混亂，但很快就變得有序了，它們迅速糾結組合成一團，形成一個球體，然後像雪球一樣朝外滾動突圍。裹在最外層的螞蟻被燒得「劈啪」作響，死傷無數，但這個龐大的螞蟻球體仍勇猛朝向外面滾動，經過一番折磨，牠們最後突出火圈。遊客們還想再燒，被作家堅決制止了。

作家已被這群螞蟻的勇敢和團隊精神所感動。螞蟻尚且有如此可貴的團隊精神，那麼萬物之靈的人類，豈能失去團結的精神？

無論是在企業或是家庭，猶太人都非常重視培養團隊精神。他們認為要培養團隊精神，首先須為每一個成員做好定位，以便讓大家都能各盡其責，並確實發揮團隊精神。如果相互爭執、互相扯後腿，無休止地爭鬥，一個團隊就會像是一盤散沙。當然，也不是毫無原則地要求彼此退讓容忍。原則、情感與共同的利益和目標，仍是維繫一個團隊的樞紐，缺一不可。

團隊精神，是在既定原則的基礎上產生的。放棄原則，遷就個人的不當做法和行為，雖然滿足了部分人士的利益需求，但偏頗的管理方式，必然會導致人心渙散，從而失去團隊的凝聚力。沒有了凝聚力，團隊精神必然也將蕩然無存。

在世界上，有許多著名猶太人建立的非營利機構，這些歷史悠久的組織。在團隊合作方面展現了優異的成果，甚至頂尖企業的成功典範。在團隊合作的過程中，我們應勇於表揚他人的貢獻。如果藉助了別人的智慧和成果，就應該清楚彰顯出來；如果得到了他人的幫助，就應該表示感謝，這也是團隊精神的基本體現。

把時間和精力消耗在明爭暗鬥上，利用他人，為自己爭名奪利……這一類舉動都不符合猶太人的團隊精神。聰明的猶太人看到現代社會正朝向集團化、大型化的趨勢發展，也深知團隊合作是一門社會必修課程。

猶太企業家認為，團隊要有好的表現，領導人首先必須尊重每一位成員。舉凡開放的心胸、真正的雙向溝通，耐心傾聽部屬的建議，即使部屬提供了離譜的意見，也要給他們表達的機會。團隊要有好的表現，領導人要能夠讓每一位成員分享整體的成功，才能加強向心力。

廣大的猶太人，對於「共同體」的精神感受尤其深刻。第二次世界大戰期間，他們被納粹視為屠殺和消滅的對象，很多人都是靠團結獲得了新生。

在酸甜苦辣和風風雨雨的生活中，共同的價值觀和共同的目標，尤其是榮譽守則，是團隊合作的基礎。戰後猶太人沒有忘記過去，更加注意發揚民族的團隊精神，充分認識共榮共存的重要性。對同一個企業的猶太人而言，沒有個人的行為動機，只有團隊的目標。他們希望看到在團體中每一個人都變得更有力量，而不是變得微小、依賴或默默無聞。在猶太人企業裡，依靠是一件好事，只要你依靠的是跟你一樣堅強的人。

在心理上和身體上，猶太人都熬過了艱難的磨練。無論後人如何讀他們的歷史，都無法完全了解他們所經歷的一切，只有親身經歷過的人才清楚他們的血汗與苦樂。而最能夠激發團隊精神的，也莫過於這種獨特的共同經歷。猶太人對族人強烈的認同感，就是以此為基礎。

團隊合作的意義，不僅在於「人多好辦事」，團隊行動可以達到個人無法獨立完成的成就。

市場經濟是一個廣泛的互動經濟，沒有人與人之間的大規模往來，就沒有所謂市場交換，市場經濟也不會誕生。人們的利益都是透過市場交換實現，而且沒有一個例外。不過「誠實」與「信任」仍然是市場經濟條件下，人際往來的最基本行為準則。

猶太人認為，合作是一種契約，契約也就是合同，它界定了訂立契約或合同的人相互之間的權利和義務。例如彼此之間出資的比例、利潤的分配、雙方應承擔的債務份額，雙方在合作關係中扮演的角色等等。

猶太人認為，選擇商業合作對象，不能憑感覺，也不應抱著試試看的心理，必須要抱持著端正果決的態度，從多方面來考慮自己、審視自己，同時也必須對周圍的環境和自己的切身利益進行周密的思考。

合作者及合作時機的選擇固然重要，一旦合作以後，合作者之間的相處，保持恰當的合作關係就成了當務之急。如果合作者之間衝突重重，各懷鬼胎，不能坦誠相見，必然會使企業停滯不前，直至走向滅亡。就像風雨中的小舟，如果船員之間缺乏應有的配合，各自為政，必然逃脫不了船傾人亡的命運。

在合作過程中，企業主管還應該注意下列幾個問題。

1.以互相信賴是基礎

一位成功的猶太商人曾經說過：「用人的關鍵在於信賴，其他都是次要。如果對同僚處處設防，半信半疑，一定會損害事業的發展。」合作者的經營管理理念不盡相同，個人意見很可能不被其他合作人採納和接受。如果大家都能互相信賴，相信彼此都是為了把生意做好，自然不會節外生枝。

互相信賴是合作成功的基礎條件。信賴是對他人人格的尊重，是人與人之間最珍貴的感情。沒有信賴，就不能使人產生自尊，也不可能使合作者充分發揮能力和創造力。當然，無論是相信任何人，都必須在生意場上冒一定的風險。除非你不打算合作，否則就必須相信你的合作者。一定要有「用人不疑」的氣度，才能讓事業有更大的發展，千萬不可疑神疑鬼。一個各懷鬼胎的合作生意，決不可能做得長久。

坦誠相見是人際相處的潤滑劑。孟子曾說：「君視臣如手足，則臣視君如腹心；君視臣如犬馬，則臣視君如路人；君視臣如草芥，則臣視君如寇仇。」這段話雖然講的是君臣關係，但對合作者依然適用。

猶太人認為，只有合作者之間能坦誠相見，將心比心，以愛換愛，才可能維持合作者的友好信賴關係，使事業得以發展。合作企業可以集多人的優勢於一體，同時也把各自的利益結合在一起。因此合作者之間難免會發生摩擦，要克服這樣的局限，就必須利用坦誠相見這個潤滑劑。

在共事的過程中，要持續對合作者投入感情，使大家在和諧、團結的氣氛中工作，從而產生榮辱與共、休戚相關的團隊精神。其次，還要與合作者多交流溝通，誠心誠意地交換看法。要留意的是，坦誠相見並不等同於簡單的直率，把信口亂說視為耿直。坦誠也需要合適的方式來表現，最好是在心平氣和、婉轉含蓄地的氣氛下進行私下交流，不要讓任何第三者參與，以免節外生枝，產生不良的影響。

2. 將截長補短視為動力

「三人行，必有我師焉。」聖人孔子都認為自己有缺點和不足，在某些方面，其他人可勝過自己。凡夫俗子的我們，更是如此。每個人都有自己的優勢，也都有自己的劣勢。換個角度考慮，即使你工作能力極強，思考力比別人深遠得多，在合作者中無人能及，無形中居於領導地位，你仍然不應恃才傲物，獨斷專行。應從合作者的立場及合作關係的心態出發，謙虛謹慎，認真向對方學習，真心實意地徵詢意見，如此便不僅能贏得友情，也增強合作企業的凝聚力。

3. 義利並重是關鍵

人與我、義與利，是合作者相處時接觸最多也是最難處理的關係。有些人在創業時期能夠有難同當，一旦事業小成、有了利益可圖時，反而變成有福獨享了。這樣的態度，自然無可避免地會與其他合作者發生利益衝突。因此，合作者在經營中要注重合作企業的整體利益，注重與其他合作者的關係。但是每一位合作者都有個人利益的考量，導致在決策時個人觀點與其他合作者不一致，因而引法衝突。簡言之，就是個體與整體的關係、全域與局部的關係，人與我、義與利的關係。要解決這一類衝突，就要在人與我、義與利之間保持適度的平衡，人我兩利、義利並重。在這種狀態下，合作者就能友好相處。要牢記一點：合作者的利益就是你的利益，只有透過合作，才有個人的發展，這樣就能人我兩利、義利並重。有了這種心態，合作者才能友好相處。

儘管你做到了以上每個要點，但是合作者之間仍可能會因為認知差異、資訊溝通障礙、各自利益等問題，而產生矛盾衝突。當破壞性的矛盾衝突發生後，合作者就應該坐下來，透過協商的辦法來解決，但在協商中也應注意一些技術的運用，應從自己的立場做檢討。合作者之間的矛盾衝突是由多方面原因引起的，有自己的原因也有對方的原因，還可能有第三者的原因。要逐步化解矛盾，就應該從自我批評開始。這樣比較容易帶給對方愧疚感，便從而坦誠地反省錯誤，並達到緩和衝突的效果。當然，自我批評並不意味著必須毫無原則地遷就對方。從某種意義上說，責己既是手段也是策略。

4.迴避退讓

迴避不等於逃避，而是為了防止衝突越演越烈，在迴避的過程中，可以靜待解決衝突的時機。當衝突或分歧比較嚴重，而且一時之間難以解決時，應有意識地減少與合作者接觸，避免正面衝突。

5.求同存異

矛盾衝突的雙方，暫時避開某些分歧點，在某些共同點上達成一致。這是解決合作者之間矛盾衝突而不影響企業正常運行的最佳辦法。求大同、存小異，做到大事講原則、小事講風格，在枝微末節問題上不苛求於人，不但可以避免衝突發生，還可以調解或解除現有的矛盾衝突。

在特定的條件下，對於一些無原則性的矛盾衝突，可採取模糊處理的辦法。模糊處理，不是不問青紅皂白，而是因為衝突本身沒有誰是誰非的問題。當衝突雙方都在無事生非的時候，倘若硬要分個是非分明，反而會助長對立。模糊處理法是堅持原則立場的前提下，處理無原則的衝突的最好方法。

許多成功的猶太人正是靠著這種合作精神，細心挑選合作夥伴，雙方實現資源分享，最終達到共同富裕的目的。

伍／

傑出猶太人擅長靈活的處世技巧

一個人的成功，不是靠強大就能順利實現的。

成功的猶太人都深知這一點，

他們從生存發展中的經驗，內化出一套超凡的處世技巧，

並藉助這些技巧達到事業的巔峰。

1. 善解人意並樂於讚揚他人

傑出的猶太人總是能夠做到善解人意和寬恕他人，他們具有高深的為人修養和自制力，並樂於讚揚他人。因此，他們容易博得別人的好感，這是他們獲得成功的重要原因之一。

責怪、抱怨他人，會讓人與人之間的關係更加惡化。有些人養成了惡習，動不動就批評、指責他人，有些人更是以此為樂。一旦出現了問題，他們首先想到的就是射出批評之箭，中傷他人。結果不是傷害了他人，再不就是被人抵制，傷了自己，也傷害他人。其實，在發生問題的時候，如果我們能夠盡量去了解別人，設身處地去思考問題，事情會容易處理得多，不但不會傷人害己，還能讓人產生同理心、忍耐和仁慈。所謂「了解就是寬恕」，何不為自己多增加一點柔軟心呢？

傑出的猶太人非常聰明地避免了這一點，他們從不隨便批評、責怪或抱怨他人。

滿足他人「渴望被重視」的需求

傑出的猶太人認為，要讓他人發自內心好好做事的唯一方法，就是給他想要的東西。按照佛洛依德的說法，一個人做事的動機不外乎兩點：性衝動和渴望偉大。美國學識淵博的哲學家約翰・杜威則有另一種說法。他認為，人類本質裡最深遠的驅動力就是「希望具有重要性」。人們對這項需求的根深蒂固和迫切熱望絕不亞於對食物和睡眠的需要。「希望具有重要性」的感覺，也是人類與禽獸最大的分別。

在人際交往的社會中，我們所接觸的是人，大家都渴望被讚賞。「提供他人歡樂」是一種合情合理的美德。在你每天的生活旅途當中，別忘了為人間留下一點讚美，這些許溫馨火花，將能燃起友誼的火焰。當你下次再度來訪時，會驚奇地發現它留下多麼明顯的痕跡。

成功的猶太人就是利用了人們渴望被讚賞的心態，達到讓別人為自己做事的目的。他們懂得抓住每個人的需要，並且滿足這種需要。

我們每個人都有自己的需求，有些人做事往往過於單方面強調自己的需求，而忽略或不顧及他人的需求，結果反而更難以實現自己的需求。

猶太人認為成功的人際關係在於捕捉對方觀點的能力。，以及是否能夠兼顧自己與對方的角度。能設身處地為他人著想，了解別人心理的人，永遠不用擔心未來。

我們每天隨時隨地都在忙於溝通，無論是工作、學習、戀愛和交友都需要溝通。比較常用的溝通方式交談。當我們對不同的人說同樣的話時，卻會產生完全不同的效果。怎樣才能在交談中達到較好的效果呢？

1. 口齒清晰：這是最重要的一點。否則別人不知道你在說什麼。把話說慢點也沒有關係，但一定要說清楚。

2.主題明確：有很多人話講了老半天，東拉西扯的，就是沒說清楚主題，讓人不勝其煩，因此說話前一定要把重點釐清了再開口，才不會浪費大家時間，又破壞心情。

3.專注看著對方：說話時的眼神非常重要，切記不要只看著一個人，或者眼神飄忽不定，一定要環視著他們，這樣大家便會集中注意力與你說話，不會分心。

另外，猶太人在別人對他們說話的時候，總是注意做到以下幾點。

1.仔細傾聽：成功的傾聽，需要傳達給方表達三個訊息：「你在聽」、「你聽懂了」和「你很關心」。如果你能成功表達出這三個訊息，對方必定能夠將視你為知己。把這個技巧練熟了以後，在與主管談話時，也會非常受用。

2.適當回饋：不要光聽不說話，還要適時地說些引導性的話，例如：「嗯，是的」、「接下來」、「真的」、「的確」等等。

善於攀談，創造好業績

英國倫敦有一間猶太人開的美容院，生意興隆，為當地之冠。

有人去問店主發達的理由，店主人坦白承認，生意興隆完全是由於他的美容師在工作時善於和顧客攀談之故。

怎樣讓工作人員變得善於交談呢？方法其實很簡單，店主人說：我每個月購齊了各式各樣的報紙雜誌，並規定員工在每天早上開始工作前閱讀，就像是做日常功課一樣，他們吸收了最新生活資訊，自然能博得顧客的歡心。倘若你不喜歡閱讀書報，或是沒有閱讀書報的時間，那麼也就不必再研究說話的藝術了。如果連書報都不看，或是不肯挪時間看書的人，我無法期待他能夠在任何一項工作中獲得成功。

糖衣錠這種藥丸，外面裹著一層糖衣，放在舌頭上，會先感到甜味，讓人容易一口吞服下肚。於是，藥物進入胃腸，藥性發生效用，疾病也就好了。這就像猶太人在規勸他人時的做法一樣，在尚未說出規勸之前，先開口說些讚美的話，讓人先嘗些甜頭，這時候再說些規勸的話，人家也就容易接受了。

一位大型企業的總經理，是個非常講究處世技巧的猶太人。有一天，他對公司的女打字員說：「妳今天穿的這套衣服很漂亮，更顯出妳的美麗大方。」

那位女打字員突然聽到上司的稱讚，受寵若驚。

接下來他又說道：「可是，我希望妳以後打字的時候，對於標點應該要特別注意一些，讓妳打出的文件像妳的人一樣迷人。」

女打字員聽了，不好意思地笑了。

這位猶太人對員工的說話方式很值得我們仿效。試想，如果他直率地告訴女打字員，叫她「對於標點符號要特別注意」的話，她會感覺到今天受了上司的責備，這是十分羞愧的。她的心裡也許要不愉快上好幾天，她也許會為她自己辯護，說她自己是很小心的，因為原稿上有著錯誤或是不清楚，所以她不能擔負這錯誤上的全部責任。這一來，總經理的規勸不但失了效，說不定還會惹來一場沒趣呢！

善解人意、懂得讚美別人，已經成了成功猶太人的必備美德，他們不僅將這一美德運用到生活中，也運用到了事業，成為了事業成功的一個要素。

2.凡事事先規劃預約，守時守信

猶太人的預約觀念是絲毫不含糊的，舉凡串門子、看病、購票、住旅館、談生意、找工作等公私事宜，都需事先預約預定，得到許可才能前往。這不僅是對對方的尊重，也提高了效率，充分利用時間。

遵守邀約是對人的尊重

曾經有一位美國記者要訪問一位猶太企業家，他因約定後沒再接到對方通知而不放心，臨會見前還打電話去確認，反倒讓人家的祕書以為他想改期。他對猶太人對待預約的這種「一言既出，駟馬難追」的辦事風格頗為讚賞，其實這在猶太人認為是很平常的。

每一個猶太人是從幼年時就接受了這種家庭教育，他們認為與人約見時提前預約是一種尊重。在我們的生活當中，有許多人就愛當不速之客。度假、請客、訪友也不善於事先計畫，全憑期限迫近突發奇想。收到別人邀請或預約時，也不及時通告能否赴約，甚至無故缺席。這種不預約、不守約的壞作風，會給所涉及的其他人造成很多麻煩。

也有人開派對請客，提前一天才打電話約朋友，還對許多人無法前來很不解：「請你吃飯還這麼大架子！」其實，大家都很忙碌，不能因為你即興邀請而改變原有的計畫，所以請客也得提前預約。「先到先贏」的原則任何時候都有效，這也是辭退活動時間衝突時的正當理由。當然，作為後發邀請或預約者，也應理解並遵守此規則，不要硬是逼對方配合你的邀請。

做事情提前預約，就能妥善地規劃計畫，合理利用時間，避免許多不必要的麻煩和事故，這也是猶太人能夠在許多事業上取得成功的關鍵因素之一。

既然有預約，就一定要遵守，實在因意外而無法按時赴約，也應提前告知原因，並重新約定。一旦答應了人家，卻無故不赴約、不回電、事後又不道歉，是非常不禮貌的行為，也容易失去對方的信任。

時間就是商品，不能輕易浪費

猶太商人很懂得時間的價值，認為時間也是商品。「珍惜時間」是猶太生意經的格言之一。他們認為「時間就是金錢」，他們每天工作八小時，常以「一分鐘多少錢」的概念來工作。一個打字員，如果下班時間到了，即使剩下十幾個字就可完成的文件，她也會立即放下工作下班。對於徹底的「時間就是金錢」的猶太人來講，浪費時間就等於浪費他們的商品，也等於浪費他們的錢。

正因為猶太人把時間視為金錢，他們對時間也是如金錢一樣按分按時計算的。猶太老闆請員工做事，工薪是按時計算的。猶太人會見客人，十分注意恪守時間，絕不拖延。客人來訪，必須要預約時間，否則要吃閉門羹。猶太人對於突然來客是十分討厭的，如果這位來客是要談生意，可能會導致失敗。

猶太商人的工作時間有個規律，每天早上上班後大約第一個小時之內，稱之為「發布命令時間」，他們利用這一小時處理昨日下班後至今天上班時間之前送到公司的相關文件。「現在是發布命令時間」這句話，在猶太人已成了「拒絕會客」的公用語。「發布命令時間」結束後，就轉入當天的工作和會見預約的客人。

猶太人把時間看得那麼重，是有道理的。時間是任何一宗交易必不可少的條件，是達到經營目的的前提。與對方簽訂合同時，要充分估計自己的交貨能力，是否能按照客戶要求的品質、數量和交貨期去履行合約。如可以辦到，就與其簽約，如辦不到，切不可妄為。

時間的價值，還顯示在趕搭季節潮流、搶在競爭對手前獲取好價格，和占領市場等方面。在競爭激烈的市場中，誰能在一個市場上一馬當先，以優質新穎的產品問世，誰就必能獲得較好的經濟效益。例如電子手錶，剛上市時每個售價幾十美元乃至幾百美元。曾幾何時，當許多競爭者推出同類產品時，價格變得一落千丈，每塊售價只有三十幾美元。又例如人們日常的必需品蔬菜，在非產季時售價數倍高於盛產季節。為什麼會出現如此大的反差呢？這顯然是「時間」的價值。

善用行事曆，有效管理時間

猶太人在遵守時間上有個實用小竅門，就是要有使用行事曆的習慣。不要以為只有醫生或總裁之類才需要寫行事曆，其實普通猶太人幾乎都養成了習慣，將公私事務填寫在同一份行事曆上，一目了然，如果時間衝突便能立即發現。無論是簡單的紙本日誌，還是具有提醒功能的電腦行事曆，都能發揮同樣作用。猶太家庭從孩子小學階段就開始培養寫記事本的習慣，他們長大後也就習慣成自然。

有的人所從事的工作，是極端需要嚴格規畫日程的，但卻沒養成這種習慣，經常讓人家事前再三提醒，不然就會因為忘記而誤事。但是會議活動工作進程一旦約定，別人不會再重複提醒，能否遵守時間按期完成全是自己的事，如果經常誤約影響工作，時間久了可能會失去信用。猶太人這個動作視為一種企業文化，規定員工學會掌握時間，一些管理有效的主流企業也會對員工提供有關技能培訓。

我們的身邊，總是有一些不守時的人。不少習慣於遲到的人，原因居然是不喜歡一個人在那裡乾等。怎奈人人都怕耽誤自己的時間，反而加倍浪費了大家的寶貴時間。還有些以貴賓自居者，故意來遲是為了擺架子、顯派頭，好在別人歡迎中入場。

其實遲到的行為，在猶太人看來反而是有失身分的表現。猶太人的文化講究高效準時，無論公事私事，赴約絕不可延誤，規定了會議時間也不許超時拖長。

如果所從事的職業必須經常與人會面，例如醫生、律師、經紀人、預約美容師等行業，或是經常要參與研討發表的會場時，遵守時間的觀念就更為重要。時間寶貴，但也不能僅為自己著想，還需要替他人著想，才能贏得客戶同行的信任，讓自己的生意和職業更加成功。

傑出的猶太人正是因為把握了遵守時間、守時守信的美德，贏得了事業的成功。

3. 欣賞他人的優點，截長補短

傑出的猶太人很注重全面而平衡的發展，他們認為只有單一方面具備專長，卻缺乏多方面能力者，也很難取得成功。因此，不斷截長補短，使自己具備多面向技能，是他們畢生的修練任務。

信奉木桶原理，均衡發展

猶太人認為，如果只著重自己的強項，專注打造特定的專長，很容易忽略真正的興趣和平衡發展。這樣做，雖然能夠讓自己的強項更為突出，卻越發顯得短項之脆弱。

學業成績優秀無法保證未來的成功。在猶太家庭中，他們不會讓成績已經不錯的學生再花費精力和學費去課外補習，反而鼓勵他們跳出書本，多參與其他活動，掌握一些自己缺乏，卻非常實用的生活技能。他們很信奉「木桶原理」，指的是：把木頭裁切成均等的兩份，一組木頭裁切成全部一樣長的木板，另一組木頭裁切出有長有短的木板。結果是全部一樣長的木板，製作出的木桶容量比較大。因為有長有短的木板，無論長的部分有多長，水都只能裝到最短木板的高度。如果把這個道理引申到人的優缺點，就會發現：人總是會被自己的短處所限制。

記住這個「木桶原理」，就會懂得「截長補短」的必要。但這不意味著專長沒有幫助，而是說除了專長之外，還應均衡鍛鍊其他方面的能力。例如專業技術人員不能只把全副心力用於做研究，還應適度磨練人際溝通的能力。對於猶太民族這種經常移居各地的民族來說，掌握多種語言和了解各國主流文化尤為必要。猶太民族是一個有很強適應能力的民族，大多數猶太人都知道如何截長補短，而這正是猶太民族在世界經濟大潮中迅速發展的法寶之一。

在與人交往的過程中，聰明的猶太人很容易從他人的身上看到優點，從而截長補短。

猶太人認為只要具有一般的普通常識，那麼即使沒有具備專長的學問，也足夠面對各種類型的人了。縱使有無法應付自如的時候，總是可以提問，問話就可以讓對方開口。假定自己的談話對象是醫生，自己對於醫學雖然完全是門外漢，卻可以用間接的方式來打破沉默。例如從霍亂的症狀談到生冷食品，進而談補充維生素、談到保健食品等等，只要自己和對方都不排斥，可以不斷打開對方的話匣子；遇到教師可以詢問他學校運作的情形，現在學生的特質和傾向等等。總之，猶太人認為，問話是一個打開對方話匣的最佳方式。

他們認為問話最需要注意的是：要問對方所知道的事情，問對方所最內行的領域。如果無法確定對方是否有能力回答，那麼還是以不問為佳。

有些問題，如果得不到圓滿的答覆時，是可以繼續問下去的，但有些是不宜再問的。

巧妙問話，處處有學問

曾經有一位成功的猶太商人說過：「倘若我不能在任何一個人那裡學到一點兒東西，那就是我處世的失敗。」這是一句發人深省的話，因為虛懷若谷的人，往往是受人歡迎的。提問不僅可以打開談話的局面，而且可以由此增益學問。

向人提問展現了虛心、謙遜，同時也表現了尊重對方的意思。「替我把信寄了吧？」就永遠不如「是否能幫我寄了這封信？」較讓人聽了舒服。不了解一件事情的時候，不妨請教別人，自作聰明是最吃虧的。一個真誠求教於人的問題，最能博取別人的歡心。

在香港的一般茶室，有些客人在喝巧克力時會加個雞蛋，所以侍者在客人點巧克力時，會問：「要不要加雞蛋呢？」

有一位猶太商人到香港考察，到一家茶室裡去研究如何發展營業時，遇到侍者詢問加雞蛋的問題，他很有感觸。

他說，如果是自己店的侍者，絕對不會問顧客：「要不要加雞蛋？」而是問：「要加一個還是兩個雞蛋？」因為這樣的問法，是絕對有把握多做一個雞蛋的生意。

說到在交際場合所用的一班問話，最要緊的也是語氣溫和、態度謙恭。不可以先存有成見，與其問「你很討厭他嗎？」或「你很喜歡他嗎？」不如問「你對他的印象怎樣？」

有些情況，則不妨建議裝作有些設定，反而比較好。例如，你可以問一個看來四十歲的人：「你今年總有三十歲了吧？」這樣的問法，比問「你今年尊庚？」要好得多。

猶太人正是因為在社會與職場上善於發現別人的長處而吸收，並且快速學習，所以比較容易獲得上司和同事的青睞，快速融入主流社會。

4. 直率坦誠的處事態度

傑出的猶太人是直率的，也反映出文化背景對他們性格的薰陶。他們認為在生活工作中，只有坦率直爽，做事才會直接明瞭，才不會吃虧。

成功的猶太商人都要求自己的員工能在職場上提出建議、發表創意或不同意見，而不是期待上司和同事們會揣摩出自己的想法。如果在工作執行上遇到困難，需要幫助時，也應及時提出，以免自己受累，且無法任務。

在生活中，猶太人也會主動向親人朋友或專業人士傾訴煩惱，以便讓自己得以解脫，這樣很容易得到理解與幫助。善於抒發內心壓力的坦率者，承受心理壓力的能力也會比較強。「忍辱負重」不是猶太人的風格。

有位猶太人在當實習醫生時，曾遇到盛氣凌人的老闆。她主動向這位主治醫生講出自己的感受，此後這位主治醫生改變了態度，彼此間建立了互相尊重的良好工作關係。其實，許多時候雙方無法好好相處的原因，只是個性差異或缺乏溝通，如果能及時表達，往往可以化解前嫌。猶太人不會打擊報復或背地裡使手段，他們只會坦率直爽地說出自己的感受。

猶太人認為坦率直爽的另一方面，是需要學會說「不」。他們遇到勉為其難的事、無法排開的時間、不合理的要求等，就會直接拒絕，不會對他人的需求有求必應。反之，若是被別人拒絕，他們也能夠理解對方的難處。這樣雙方才不至於違心行事，或是弄得不痛快又得罪人，還可以共同協商其他取代辦法，做到雙贏的局面。

猶太人從孩提時代就被教導為人要直率坦誠的處世之道，在這種教育和自由民主環境中成長的猶太人，便養成了直率坦誠的作風。但猶太人的直言不諱並不是魯莽粗暴，更不會蠻橫無理。猶太人尤其講究說話的藝術和態度，哪怕彼此之間語言不通，他們也會做到表情和悅、語調委婉、禮貌待人，而且經常用正面鼓勵語和褒義詞。

對於思想文化觀念而言，求同存異更為必要。猶太民族是個言論自由的民族，猶太人又喜歡開誠布公，任何看法都要說出來或與人辯論，但並不以說服別人或被別人說服為目的。

猶太人之中也不乏善辯之士，但他們的辯論只是希望儘量公布自己的想法，並不想將其觀點強加於人。只要抒發了自己心中的感慨，他們就得到了滿足。對於不同觀念，他們雖不輕易苟同，卻也不忘讚揚對方敢於發表意見。無論是文化、習俗還是政治、宗教，他們絕對不會讓別人一定要服從自己的觀點。

猶太人認為求同存異的原則同樣適用於親友往來，更有助於擴大社交圈。他們認為要做到求同存異，「尊重」是基礎，還需要有耐心、能包涵，心胸開闊。有了這樣的心態，在說明自己的觀點時能夠從容表達，而且還能從他人的不同見解中，持續習得新的資訊。

5.絕不與人比較

猶太人鼓勵孩子爭取好成績，但他們強調的是「充實自我」、「盡力而為」。在他們的價值觀中，根本沒有「面子」概念，更不理解為顧情面而妥協，或為了爭面子、爭一口氣而做比較的心態。「不予他人比較」是猶太人的基本教誨。

做自己最擅長的事，發揮自己最大的能力

猶太人很注重培養個人的自我意識，他們不在意別人的眼光，認為只要盡了力就是贏家。就連競爭激烈的體育比賽，他們也認為不應僅以輸贏論英雄。在這種環境中成長的猶太人，更具有自信心，敢於迎接挑戰。他們認為若太顧及名次和他人的看法，反倒會壓抑人的能力與天性。

記得一位獲得冬季奧運會金牌的俄國選手曾說，以前老想與別人爭名次，反而因為壓力而影響成績。後來在一位猶太人教練指導之下，他明白首先應戰勝自己，反而放得開，把能力發揮得特別好。

猶太人在工作及創業時，不會老跟他人比較。猶太人對於職場的評估是根據每個人的自我

表現，在猶太人創辦的企業中想成功得憑真本事，絕不是靠比較家世背景或有否傲人的學歷來決定。

成功的猶太人認為，為了杜絕與他人比較的心理，應釐清基本觀念：「個人的言行是對自己負責，而不是為了與別人比較，或是做給別人看。」

猶太民族在歷史上是一個多災多難的民族，能夠在經歷了無數次的考驗仍生生不息的原因，也就是他們善於坦然面對人生的起伏。他們並不以身分、職業高低、貧富來劃分人的等級。職場中的上下調度，經濟局勢的朝起暮落，更是不足為奇。猶太人注重從童年時期就鍛鍊能屈能伸、居安思危的逆境應變能力。

6. 善用資源，借助他人的力量

猶太人的成功守則中，都有一條「善用資源」。因此猶太人的孩子從小就遵循此項原則，長大後也善於發掘和利用社會和他人的資源。猶太人不主張把學生關在屋裡冥思苦想或是只會聽老師的話做事，而是鼓勵他們去圖書館及其他機構蒐集資料，或是透過社會實踐與人們進行實地學習，現在的電腦網路更是方便的資源庫。總之，猶太人認為與其被動接受知識，不如主動去尋求知識。

猶太人強調「善用資源」，一是指擅長找到公共資源管道；二就是擅長運用合法利用資源，而不是以侵權、剽竊、盜版等非法手段巧取豪奪別人的成果。

他們認為，如果一個人不懂得善於利用現有的社會資源，也不知道如何吸取前人經驗教訓，而非要從頭開始，重覆去做許多別人已經做過的事情的人，就是浪費資源的人，這樣的人是不會成為成功者的。成功的猶太人都是懂得妥善利用公共資源，並納為己用的高手。

有些地方的經費、場地、物質、專業人才等資源是非常豐富的。許多人因為不知道該如何引起資源提供者的注意，或是因為不知道該如何尋找主流資源，而喪失了許多寶貴的機會。

好風憑藉力，送我上青雲

許多成功的猶太商人深知尋找資源的快捷方式，就是與聲譽良好、歷史較久的大型主流機構合作，利用其名望、人才及與主流社會打交道的經驗，承包其下的具體服務專案或聯合活動，就可分享經費等資源，也有利於擴大自己在主流社會的知名度。

一個人能竭盡能力去完成一項事業，是難能可貴的，如果一個人沒有奮鬥目標，又不肯付出自己的力量去實施計畫，這個人就很難事業有成。但是，光靠個人或單一團體單打獨鬥，難免會有不足的時候。特別是在當今社會科學技術高度發達的情況下，社會分工精細，一個人或一個團體所掌握的科學技術知識是有限的。在某些科學技術乃至具體工作環節上，哪怕是最傑出的人物或團體，亦不可能獨自完成，必須要藉助他人的力量才能攻克。更值得注意的，人的智慧力量是無窮無盡的，盡人之力遠不如盡人之智，所以我們也應學習成功的猶太人，懂得藉助他人的力量達到目的。

「好風憑藉力，送我上青雲。」一個人或一個團體，凡是善於藉助別人力量的，均可事半功倍，更容易、更快捷地達到成功的目的。不論是在商界還是科技界的成功猶太人士，普遍具有善於借助別人之力的本領。

挖掘他人的最佳智慧

美國前國務卿季辛吉，且不說其在外交工作的政治手腕，就說他在處理白宮內的事務，就是工作能力，就可以知道他是典型的巧於借助他人力量和智慧的能手。

他有一個慣例，凡是下級呈報來的工作方案或議案，他先不看，壓個三兩天後，再把提出方案或議案的人叫來，問他：「這是你最成熟的方案嗎？」

對方思考一下，一般來說，沒有人敢肯定地說「這是最成熟的」，只好答說：「也許還有不足之處。」

季辛吉便叫他拿回去再思考，修改得完善些。

過了一段時日後，提案者再次送來修改過的方案。

這一次季辛吉會閱讀方案，然後問對方：「這是你最好的方案嗎？還有沒有別的比這方案更好的辦法？」

這次提案者陷入更深層次的思考，把方案拿回去再研究。就是這樣反覆讓別人深入思考研究，用盡最佳的智慧，達到所需要的目的。這不愧為猶太人季辛吉的一手高招，這也反映出猶太人的成功訣竅。

猶太人密歇爾•福里布林經營的大陸穀物總公司，能夠從一間小食品店發展為世界最大的穀物交易跨國企業，主要因其善於藉助先進的通信科技，並啟用大批懂技術、懂經營的高級人才。他不惜成本，不斷採用世界最先進的通信設備，寧可付出極高的報酬，聘請有真才實學的經營管理人才。使他的公司資訊靈通、操作技巧靈活，競爭能力總是勝人一籌。他雖然付出了很大的代價取得這些優勢，但他藉助這些力量和智慧賺回的錢遠比他支出的大得多，可謂「吃小虧，占大便宜」。

站在巨人的肩膀上

槓杆原理便是人類「借」力的一種發明，其後又發現了滑車原理。隨著時代的前進，人們知道把大小不同的滑車加以組合，就可以用更小的力量舉起更重的物體。今天，只要一個人坐在起重機的座墊上，就可以操動幾十萬斤的鋼架、貨櫃。人類發揮智慧，把力量發揮出最大的限度。

在人類的一切活動中，任何一項成功的事業，都是運用滑車的原理，借助他人的力量把自己的能力發揮到極致。所有大企業都有一個共同特長，就是有一種識人的眼光，能夠抓住別人的優點，把每一個員工的位置都分配得十分恰當，使每個員工的力量和智慧能淋漓盡致地發揮出來。美國鋼鐵大王曾預先寫下這樣的墓誌銘：「睡在這裡的是善於訪求比他更聰明者的人。」的確，他能夠從一個鐵道工人變成一個鋼鐵大王，是他能夠發掘許多優秀人才為他工作，使他的工作效率增值了成千上萬倍的結果。

在科學技術和文化藝術領域也一樣，凡是獲得成功的猶太人都有一套善於「借」的本領，牛頓曾說：「如果說我能看得更遠一些，那是因為我站在巨人的肩上。」猶太人有那麼多的學者能獲得諾貝爾獎金，有那麼多科學家創造出世界級的發明，都是從前人創造的基礎上昇華的。如物理學家布洛赫，他能夠在原子核磁場方面取得了前人未有的成就，是與他得到著名物理學家、量子學奠基人海森堡的指導分不開的。

總而言之，猶太人懂得任何事業都不能一步登天，但「登天」的辦法卻是各式各樣，只要方法得當，自然可以多省點功夫。善於「借」力，是一種快捷省勁的訣竅。

借力得利，一舉三得

只要是猶太人，哪怕身無分文來到異國他鄉，只要當地有猶太組織，只要找到他們，吃飯、住宿問題就立刻會得到解決。當然，猶太組織不是永遠提供免費吃喝，再多的錢也支撐不起，也不符合猶太人精於理財的傳統。猶太人的精明之處在於，他們很快就會找到一個願意幫助落難者的猶太商人。這位商人會怎麼幫助自己的同胞呢？他的方法很妙，假如這是一個鞋商，他會對落難的同胞說：「我這鞋店目前只在西邊發展，這座城市的東面還沒一家分店，你就到東面去開分店吧！我借錢給你去租店鋪，貨我也先提供給你，等你賣掉了鞋，賺到了錢再連本帶利還給我。你站住腳了，我就是你的長期供應商。」

這種幫助人的方法是精明的，既幫助了別人，又藉助別人的力量發展了自己的事業。也只有猶太人能將這樣的方式視為傳統，堅持不懈。一石三鳥，是猶太民族的基本技能，即想辦法幫助了同胞，又壯大了自己。如此一來，猶太人不但幫助了落難者自立，同時擴張了自己的生意。正因為這種幫助人的方法對提供幫助者本身是有利的，因此這種慈善行為才能長期持久地延續下來。

如果你想成為一名成功人士，就不妨向聰明的猶太人學習如何善用資源，藉助他人的力量吧！

7.永遠微笑，保持平和心態

成功的猶太人認為，要想獲得成功，首先要學會微笑，只有時時微笑的人才是心態平和的人。而保持平和的心態，正是猶太人獲得成功的關鍵因素之一。

成功的猶太人，在做事情之前，總會先考慮別人的利益，等別人獲得了利益之後，再謀求自己的利益。當自己的利益沒有得到時，他們也會微笑面對，保持平和的心態。

在與人交往的過程也是一樣，時時微笑，就可以使對方感受到你的真誠，也就會獲得對方的真誠。

與猶太人打交道，你會發現他們總是笑臉盈盈，不管生意是否做成，甚至為合約而發生不同意見的時候，他們總會笑顏以對。即使雙方不歡而散，猶太人還是會向對方說聲「再見」。第二天，他再次遇上你的時候，他彷彿沒有發生過那件不高興的事，仍以微笑問候你「早上好」。

這種良好的心態是人際交往中的一種有效的融合劑，很容易把對方吸引住。在商務活動中，實踐證明這是一種促銷手段。因為人是群體動物，人與人的關係是否和睦相處，對事業影響很大。猶太人領會這一個道理，放棄與人爭強好勝的心態，獲得了與人和睦相處的好處，使之成為他們成功事業和發財致富的技巧。

猶太人認為，人的一生每天都在做推銷的工作。這種推銷是指推銷自己的創意、計畫、精力、服務、智慧和時間。如能妥善「推銷自己」，一定可以出人頭地，實現奮鬥目標。相反的，那些人生事業失敗者，十有八九是本人不善於「推銷自己」，而不是本身能力出了問題。

所謂善於「推銷自己」，是指與人和睦相處的能力。根據心理學家的研究，認為人類的內心都有被人注目、受人重視、被人容納的願望。無論是歐洲人、美洲人、亞洲人、大洋洲或非洲人，只要是人類，都有這種願望。猶太人根據這種共同規律，在生活的各個層面中，包括在做生意的一切過程中，關注著周圍的各種人，讓他們感受到他們是被關心著，被容納著，然後從這個關鍵時刻開始，通向成功的目標。

有一個人，構思了一個很好的創意提案，他得意揚揚地向上司提出，結果受到上司的冷眼看待；有人向同事直截了當地提出有益的規勸，結果反而導致對方不悅。為什麼會好事、好心得不到好的結果呢？因為自尊、獨立願望正支配著那位上司和同事，如果以直截了當的口吻對他們提出，會讓他們覺得你正誇耀著「自己比較高明」的想法，會讓對方感覺自尊受到傷害。

假若你的創意或好建議能改用溫和的方式表達，那麼對方的自尊便能得到尊重，好的效果自然可以達成。猶太人本著這種和諧的準則，提出了三條法則。

1. 把自己的創意或建議變成對方的。意即把你的創意或建議變成釣餌，引對方自然上鉤。

例如，你想讓對方接受你的意見，以「你有這樣想過嗎」的說法，要比「我是這樣想的」更能打動對方；「試一試看看如何」的說法比「我們非這樣做不可」更能獲得對方的贊同。這就是讓對方覺得你的意思就是他的本意，他的自尊得到接納，而你的創意或建議也較容易被採納。

2.讓對方說出你的意思。面子不單是東方人的問題，西方人也很講究，所以不管在哪裡提出意見，都要注意這個問題。如果你把意見毫不修飾地向對方提出來，出於面子問題，對方往往會本能地感覺不想接納。相反的，如果你改用和順婉轉的方式提出來，對方就有可能接受。如果你以冷靜而溫和的方式提出你的意見，然後說「雖然我是這樣想，但可能有許多不妥當之處，不知你對這方面考慮的意見如何？」如果能這樣表達，對方可能會完全接納你的意見，並可能會說「我也這樣考慮的，你不要有太多顧慮。」

3.以徵求意見代替主張。根據心理學家的反覆調查研究結果，一個人向對方表達同樣的意見，如果以正面而斷然的方式說出，較容易激起對方的逆反心理；如果以詢問的方式向對方提出主張的話，對方會以為是自己的意思，便會不自覺欣然接受了。可見，只要調整表達方式，同樣的意見便能產生截然不同的效果。

猶太人處世之道，是根據人類內心深處所潛藏的欲望予以利用的。他們認為，人類的內心都有被人注目、受人重視、被人容納的願望。所以，與人相處，一定要記住這一點。不論是對你的長官、同事、下屬或顧客、朋友及家人，要做到讓他們知道你在關心他們的一切。要實現這一目的的辦法，是用善意的、親切的、溫和的態度與人交往。如此一來，對方也會以此相報，這豈不是達到了和諧相處嗎？有了和睦相處的環境和氣氛，雙方就會很容易溝通，做生意的條件也容易達成，這就是和氣生財的道理所在。

成功的猶太人認為，無法與人和睦相處，無法容納別人的缺點和短處，是一個人乃至一個企業失敗的根源。如果你以蔑視無情的態度待人，即使對方不是與你針鋒相對，亦會對你敬而遠之。久而久之，你將會失去支持者及合作者，失去廣大的顧客，逐漸邁向失敗。

8.適時滿足他人的需要

聰明的猶太人知道究竟該在何種情況下適時接受別人的幫助，好讓別人有一種施惠於人的滿足感和成就感。這種行為通常比魯莽幫助別人更能贏得他們的心。

一位著名的猶太裔廣告商，某一天忽然發覺，他的一位老朋友跟他的關係正漸漸疏遠，幾乎到快要背叛他的地步。

他立刻著手改變這種狀況。考慮到這位朋友是位工程師，廣告商便誠懇請他對自己新建的房子發表意見，並請他擔任新房水管系統的設計總監。

這位工程師爽快地接受了這一個邀請，對這一工程提出了許多確實可行的意見，並以廣告商出乎意料的熱情投入工作，很快就完成了設計圖。

從那一天起，他們倆的老交情又恢復到往日的狀態。

不過，聰明的猶太人在使用這個策略時，還會留意一個重點，那就是每個人身上都有與眾不同的地方，要留意每個人所特有的嗜好和習慣。因為，對他們來說，最樂意給別人的往往就是那種觸及到他們個人特殊興趣的小恩小惠。當我們向他們所求取的東西恰好碰上了他們自己最引以為傲的層面時，他們不但會很樂意地賜予，還能加倍博取他們的注意力，迅速獲得他們的好感。

仔細研究那些成功猶太人的典範，我們會發現，他們之所以常常能在運用這種乞取小惠的策略時取得成功，有一個很大的原因，在於他們的誠懇——正是這種態度使別人很容易對使用這種方法的人產生深切而真實的好感。

如果一個人在使用這種方法時表現得很冷淡，就會很容易讓別人覺得他是想用這種方法來騙取別人的好感，從而弄巧成拙。所以，只有當別人感覺到對方是發自內心需要他的友誼和協助的時候，這一策略才會成為真正產生好感的妙策。

成功猶太人告訴我們，一生應謹記的人生經驗。

1.幫助對方維持「自尊心」，這是使人滿意的最佳策略。實行這種策略有許多簡易的方法，其中之一便是：在既能使別人感到高興，又不需要麻煩到別人的情況下，主動請求別人的幫助。

2.心理學家威廉・詹姆斯指出：「渴望得到賞識，是人最基本的天性。」一位成功的猶太企業家說：「促使人們自身能力發展到極限的最好方法，就是讚賞和鼓勵……」既然渴望得到別人的讚美是人的一種普遍天性，生活中的我們的確應該學習或掌握這方面的生活智慧。我們都應該明白，恰當的頌揚和讚美可以抬高別人的自尊，並能以此來獲得他們的友善和合作。

3.就算是別人犯錯，而我們是正確的時候，如果沒有為別人保留面子，也可能會讓事情變得更惡劣。

給他人留一個面子！這是一個何等重要的問題！每個人都有自尊，都希望別人凡事都能顧及到自己的面子！然而卻很少有人會真正用心考慮這個問題。

他們總喜歡擺著臭架子、自以為是、挑剔、威脅甚至當面指責雇員、妻子或孩子，而沒有多考慮幾分鐘、講幾句關心的話、設身處地為他人想一下。如果不這樣的話，就可避免許多難堪又尷尬的場面了。

有一家猶太電器公司遇到一項需要慎重處理的問題——公司不知該如何安排一位部門主管的新職務。這位主管原先在電器部是個一級技術天才，但後來調到統計部當主管後，工作業績卻不見起色，原來他並不勝任這項工作。

公司高層感到十分為難，畢竟他是一個不可多得的人才，何況他的性格還十分敏感。如果惹惱了他，不出亂子才怪！經過再三考慮和協調後，公司高層給他安排了一個新職位：諮詢工程師，工作級別仍與原來一樣，只是另換他人去接手他現在的那個部門。

對此安排這位主管自然很滿意。公司當然也很開心，因為他們終於把這位脾性暴躁的大牌職員成功調遣，而且沒有引起什麼風暴，因為公司為他保留了面子。

實際上，就算是別人犯過錯，而我們是正確的，如果沒有為別人保留面子，也會毀了一個人。一位成功的猶太人說過：「我沒有權利去做貶抑任何一個人自尊的事情。傷害他人的自尊不啻為一種罪過。」

那些成功的猶太人會遵循這個重要的規則。他們擁有調解激烈爭執的非凡能力。他們會小心翼翼地找出雙方正確的地方，並對此加以讚揚。他們有一個很堅定的調解原則，那就是他們從不指出任何人做錯了什麼事情。

9. 善於享用權利，樂於履行義務

探討猶太人的文化，可以發現猶太人是一個追求權利、義務相對應的民族。

在權利和義務之間，是沒有什麼「本位」之爭的，如同男人與女人之間無須爭論孰為「本位」一樣。因為權利和義務是一個銅板的兩面，多一份權利就相應多了一份義務，因此權利與義務在總量上是對等的。存在「本位」之爭的應是權利和權力之間的關係，這是另外一個話題。

不讓自己的權利睡著

猶太人十分看重自己的權利，說一不二。從以下故事可以看得出來。

一個旅行者的汽車在一個偏僻的小村莊拋錨了。他自己修不好，有村民建議旅行者找村裡的白鐵匠看看。白鐵匠是個猶太人，他打開引擎蓋，朝裡面看了一眼，用小榔頭朝引擎敲了幾下——汽車發動了！

「共三十元。」白鐵匠平靜地說。

「僅僅敲幾下就這麼貴！」旅行者驚訝至極。

「敲幾下，只要一元；但是知道敲哪兒，需要二十九元，合計三十元。」白鐵匠說。

由此可見，猶太人的權利意識之濃厚。在長期的商場磨練中，猶太人精於計算，錙銖必較，他們不像大多數東方人一樣，羞於斤斤計較。他們認為，該取得的利潤絕不應放手。他們既要計較得清楚，又能迅速計算出結果。把兩者結合起來，是猶太人的過人之處，也是他們善於做生意的訣竅之一。

猶太人珍惜權利，同樣看重義務。《猶太法典》說：「原以為一定會有人帶蠟燭進去，可是一走進房間裡，發覺整個房間都是黑漆漆的，沒有半個人拿著蠟燭。其實只要每個人都帶一根小蠟燭進去，這個房間就會像白天那般地明亮。」因此，猶太教是堅決反對猶太人放棄自己的責任、義務的。

古代的拉比們說過：「好事可以分享，自己的責任一定要自己完成。」因為不管是把事情推給別人，還是歸咎於環境，自己的責任仍然存在而無法消失，所以猶太人從不把義務推給別人。他們認為放棄自己的責任是上帝不能寬恕的事情，人永遠無法逃避責任。自瞞自欺易，但欺人欺世不易。因此，自己的責任一定要自己負。

一位猶太商人，接到美國芝加哥一個公司兩萬個玩具的訂貨單，雙方商定的交貨日期是七月一日。

這個商人必須在六月一日運出貨物，才能在七月一日如期交貨。但由於碰上意外事故，商人沒能在六月一日製造出兩萬個玩具。

這位猶太商人陷入困境，但他絲毫沒有想到要給對方寫封情真意切的信，請求延期交貨並表示歉意。因為這樣做是違背契約，不符合猶太商法，也是逃避責任的做法。結果，這位猶太商人花鉅資以空運送貨，兩萬個玩具如期交貨，這位猶太商人損失了一萬元。

猶太人認為，靈魂的純正是最大的美德，人的靈魂變骯髒了，人也就完蛋了。所以，猶太人雖無止境地追求財富，但他們認為，應靠頭腦和雙手光明正大地獲得財富。在他們心中，貪占不義之財就會受到神的懲罰。

《猶太法典》有這樣一個故事：

有一位以砍柴為生的拉比，經常把砍好的木柴從山上運往城裡賣。

為了縮短往返的路程，以便節省時間用來研讀《猶太法典》，拉比決定購買一頭驢子幫忙馱貨。於是，拉比向城裡的阿拉伯人買了一頭驢子。有了驢子之後，拉比便可加快行程往返於村子和城鎮之間，弟子為此感到高興，幫忙用河水來洗刷驢身。

就在此刻，驢子的頸項間突然掉落一顆鑽石。弟子們慶幸地說：「這下子拉比可以脫離貧苦的砍柴生活，有更多時間來教導我們了。」

可是，拉比卻命令弟子立即返回城裡，將鑽石歸還給阿拉伯商人。

他告訴弟子：「我買了驢子，但是不曾買過鑽石。我只取自己應得之物，這才是正當的行為。」

他還告訴那位阿拉伯商人：「根據猶太人傳統，我們只能獲取所買之物。鑽石並非我所購買的東西，因此特地送來歸還給你。」

善於享用權利，樂於履行義務，這是猶太人的民族性，也是猶太人得以和睦相處的重要原因。

10. 寬容待人，六十四分合格

我們在學校成績的標準是：一百分為滿分，六十分以下為不及格。猶太人則以六十四分為及格。

其理由就是他們視作生活法則的「七八／二二法則」，這是猶太人成功致富的根本。所謂「七八／二二法則」，嚴格地說，應是「七八・五／二一・五」，由於小數點之後比較累贅，所以簡單稱為「七八／二二」。這個比數很有哲理，它是以一個正方形的內切圓關係計算出來的。假設一個正方形面積是一百，那麼，它的內切圓面積就是七十八・五，剩下的面積即二十一・五。以整數計算表達，便是「七八／二二」。

說來也巧，空氣中的氣體比例中，氮氣占百分之七十八，而氧氣占百分之二十二。人體的比重中，也是由百分之七十八的水及百分之二十二的其他物質所構成的。這個「七八／二二」的資料，成為人力不可抗拒的宇宙大自然法則，人類不能違背這種法則而生存發展。

猶太人對生活機械的要求為一百分，對人的要求則只有六十四分。他們允許人犯錯，並且改正錯誤。

他們認為寬容了別人，等於善待了自己。如此能使自己的生活變得輕鬆，快樂。經歷過風和雨，才能領悟到人生的苦和樂、愛與恨，才知道人生中應該忘記什麼，記憶什麼，放棄什麼，學會什麼，那樣才是舉重若輕。你最應該忘記的是你曾幫助的人，最應該原諒的是曾經傷害過你的人，最該放棄的是功過事非、名利得失，最需要學會的便是寬容別人。

猶太教誨中有這樣兩句話：「世上沒有不生雜草的花園」、「月亮的臉上也是有雀斑的。」

猶太人與猶太人之間在商業的往來上，也會發生爭執，此時便找猶太教的牧師來裁判。他們對牧師的裁判，無論公平不公平，都是絕對服從的。萬一有誰敢不服從猶太教牧師的裁判，那麼他就會被猶太社會所平摒棄。

他們對猶太教牧師是如此遵從，按理說如果牧師本身犯了罪，應該是不會被猶太人所原諒的，事實上恰恰相反。他們認為：「牧師也是人，是人難免會做錯事。」說到底，人非聖賢，孰能無過；金無足赤，人無完人。

與其用刀劍，不如用微笑服人

成功的猶太人認為學會寬容是處世的需要，是成就事業的需要。世間並無絕對的好壞，而且往往正邪善惡交錯，所以立身處世有時也要有清濁並容的雅量。如果總是錙銖必較，為血氣之爭搞得跟賣麵粉的遇見賣石灰的一樣，誰也容不下誰，不僅尷尬，還招致仇怨，實不值得。

貝特福特是幫助洛克菲勒創建標準石油公司的得力助手之一。有一次，他因為過度擴張事業而遭到了失敗，讓洛克菲勒的事業受到了打擊。他這樣回憶道：

一天下午，我剛離開百老匯路二十七號，發現洛克菲勒和普拉特兩位先生就在我後面不遠。我沒敢停下腳步跟他們打招呼，因為我不願意再觸及自己的傷疤。但是他們叫住了我。洛克菲勒先生在我背上輕輕拍了一下，誠懇對我說：「好極了，貝特福特，我們剛才聽人說起你在南美的事業。」

我以為他一定是要責備我了。因為擔心他聽到了一些不準確的閒言碎語，我趕忙接著說：「這一次確實損失慘重，即使不惜一切代價，我們也只能收回百分之六十的投資。」

然而，洛克菲勒接下來的話卻令我驚詫不已：「你已經是難能可貴了，我們並不見得能幹得比你好。全靠你處置有方，才替我們創造了這麼好的成績。」

這就是猶太人洛克菲勒的寬容之道，在一個本來應該責備別人的場合，他一反常情，替人家找出一些值得稱頌的地方。

一位著名猶太作家說過：「一個人善待自己的最好辦法是善待別人，善待別人的最好辦法是寬容別人。」然而，我們時常會看到街上行人，這些身為朋友，或是近鄰的人，為了芝麻大小的事爭吵不休，以致大打出手，令人歎息。難道人與人之間的情義就如此脆弱，人與人之間的恩怨有如此難容的芥蒂？

猶太人時時銘記，高尚者的心靈世界比大海更深沉，比天空更廣闊。所以，他們在家庭或團體中，更要互相和睦相處，時刻存有寬容之心，因而他們的工作、生活才能順利進行，事業才能取得成功。

11. 捨得付出才有回報

在眾多猶太巨賈的成功歷程中，都有一個共同舉動，那就是他們都很願意慷慨解囊，投入慈善事業和公益事業。

哈同是位猶太人，一八七三年來到中國上海謀生，先在老沙遜洋行當門房，之後逐步奮鬥成為高級職員——大班，後來自己開設了哈同洋行。他在上海六十年的經營活動中，從事過放高利貸、買賣土地及房產等，成為大富豪。發財致富後的哈同，曾不惜捐出鉅資創辦上海的倉聖明智大學暨附屬中學、小學和女校，成立廣倉學府，刊印學術叢書。他還出資六十萬兩銀子修建上海南京路等，為上海的文化教育及市政建設做過慈善活動。

十九世紀中葉至二十世紀初，俄國銀行家金茲堡家族，從一八四〇年創立第一家銀行起，經過幾十年的經營，在俄國開設了多家分行，並與西歐金融界建立了廣泛的業務關係，發展成為俄國最大的金融集團，其家族成為世界知名的大富豪。金茲堡家族像其他猶太富豪一樣，在發跡過程做了大量的慈善活動。他在獲得俄國沙皇的同意下，在彼得堡建立了第二家猶太會堂。一八六三年，他又出資建立俄國猶太人教育普及協會，把他在俄國南部的莊園收入用於建立猶太農村定居點。金茲堡家族第二代繼續把慈善活動做下去，曾把其擁有的歐洲最大圖書館捐贈給耶路撒冷猶太公共圖書館。

美國猶太裔商人勞特加，他從商店記帳員開始，步步升遷，最後成為美國一個巨大的百貨公司的總經理，在一九五〇年代成為世界上首屈一指的巨富。他在事業成功過程中，也做了大量慈善活動。除了關心員工福利外，他曾多次到紐約貧民窟察訪，捐資興建牛奶消毒站；並先後在美國三十六個城市為嬰幼兒分發消毒牛奶；到一九六〇年止，他捐資在美國和國外設立了二九七個施奶站；他還資助建設公共衛生事業，一九〇九年在美國紐澤西州建立了第一個兒童結核病防治所；一九四一年，他到巴勒斯坦訪問，決定將他三分之一的資產用於該地興建牛奶站、醫院、學校、工廠，為猶太移民提供各項服務。

諸如上述的例子非常多。猶太商人如此樂於做善事，實際上也是一種生意經。他們大量的捐資為所在地興辦公益事業，這樣的舉動，容易贏得當地政府的好感，對他們開展事業十分有利。

有些猶太富商因對國家的公益事業有重大義舉，而獲得了國王的封爵，如羅思柴爾德家族中，有人被英王授予勳爵爵位；有些猶太商人還獲得當地政府給予優惠條件，開發房地產、礦山、修建鐵路等，賺錢的門道從中得到擴寬。

猶太人熱心捐錢興辦公益事業，還是一種行銷策略，可以為企業提高知名度，擴大影響，博取消費者的好感，發揮了重大作用，對企業鞏固已占有市場及今後擴大市場占有率能夠發揮正面的作用。這種行銷策略已廣為人知，並廣為企業所應用。猶太商人高明之處，在於他們在一百多年前，就已經率先採用。

此外，猶太人的經營策略把「捨得付出才有回報」視為一項重要內容，也是一種有助於行銷的好辦法。企業家因供應的商品或服務，為人所歡迎而發財。可見，一切離不開人心。猶太商人明白這個道理，在一切經營活動中，與人為善，把人與人的關係處理好，成為他們成功與致富的祕訣。

12.用幽默來主導生活

猶太人的生活充滿了幽默感，他們認為在生活中應該不時地運用一些幽默，運用令人讚歎不已的巧思妙想，讓人發自內心的歡笑。如果能在別人沒有想到的方面發現或建立某種聯繫，並順乎一定的情理，就不能不令人賞心悅目。

猶太人在生活中經常會用一些小幽默，把一些利害關係幽默地點到為止。

頂天立地的大人物

季辛吉當美國國務卿期間，收到了一位崇拜者致贈的一件禮物。這是一匹品質很好的布料，很適合做一套男士服裝。這個禮物的贈送者向季辛吉提議，不論季辛吉先生何時到倫敦，都可以把布料帶到倫敦的一家裁縫店去，為自己訂做一套衣服。

幾個星期後，季辛吉到達了倫敦。他把布料拿到牛津大街一家久負盛名的裁縫店。然而，打開布料後，這家店的裁縫卻告訴季辛吉，他很抱歉，因為這匹布料不夠給他裁一套衣服。季辛吉很失望地拿著布走了。接下來他又訪問了巴黎和羅馬，這兩個地方的裁縫同樣這麼告訴他。

幾個月之後，季辛吉訪問以色列的特拉維夫市。他決定在那兒試試運氣。他找的裁縫先生仔細量了量布，然後又仔細地量了量季辛吉的尺寸，最後說：「沒問題，我們可以給您做出一套漂亮的衣服，一件夾克，一條褲子，一件馬夾，而且還可能用剩下的布料再給您做條褲子。」

季辛吉十分震驚。他告訴這位以色列裁縫他在倫敦、巴黎和羅馬的遭遇。這位老裁縫點了點頭，隨後溫和地說：「哦，我明白了。先生，不過，對我們以色列人來說，您並不是一個頂天立地的大人物，但對其他地方的人來說可能是。」

尊敬無恥的人

另一則故事是這樣的：

在一個猶太小鎮上，一個荒淫無恥的富人死了。全鎮的人都為他哀悼，並送他的棺材到了墓地。當他的棺材被放進墳墓時，四處都是哭泣、哀歎聲。據鎮上最老的居民回憶，就連教士和聖人死去時，人們都沒有如此悲哀。

正巧第二天鎮上的另一個富人也死了。他的性格和生活方式正好與前一個富人相反。他節儉禁欲，只吃乾麵包和蘿蔔。他一生對宗教虔誠，成天在豪華的研究室內學習法典。可是，他死後，除了他的家人外，沒有人為他哀悼。他的葬禮冷冷清清，只有幾個人到場。

鎮上恰好來了個陌生人，他對此迷惑不解，就問道：「請告訴我，為什麼有如此奇怪的現象？你們為何尊敬一個無恥的人，而忽略一個聖人？」

一個鎮上的居民回答說：「昨天下葬的那個富人，雖然他是個色鬼和酒鬼，但卻是鎮上最大的施益者。他性格隨和、開朗，喜歡生活中的一切好東西。實際上鎮上的每一個人都從他那兒獲益。他向一個人買酒，向第二個人買雞，向第三個買鵝，向第四個人買乳酪。他出手還十分大方。這就是為什麼我們每個人都想念他、哀悼他的原因。可那個節儉的富人又有什麼用呢？他成天吃麵包和蘿蔔，沒人能從他身上賺到一文錢。相信我吧，沒有人會想念他的。」

猶太人運用幽默的水準是世界一流的，他們是幽默大師，善於運用幽默來主導生活。

陸／

將教育視為成功的根本

猶太人認為父母是孩子的第一任老師，也是孩子終其一生的老師。

若不了解正確的教育方式、方法和策略的重要性，

將不僅是父母失職的問題，還會對孩子的一生都帶來不良影響。

做好子女教育是猶太人心目中的首要大事，

也是他們能夠保持長久成功的重要原因。

1. 教育孩子，以理服人

猶太人認為以擺事實、講道理、以理服人的做法可以提高兒童的認知能力，是逐步形成兒童良好品格最基本、也是最重要的教育方法之一。

孩子不可能天生就具備正確的思想與良好的品德，因此父母必須全面、經常、系統性地灌輸孩子觀念。灌輸時，會採取說理的形式，說理是教育工作的核心。有經驗的猶太人說：「『說服』是打開兒童思想迷宮的鑰匙，『道理』是兒童心靈的陽光。」

兒童的身心發展是一個從量變到質變的過程。兒童，特別是幼兒的思維與成人截然不同，成人主要是靠理性思維，孩童則是依賴直覺做事。另外，兒童還有「只能看出問題的片面」、「只知其一不知其二」等思考特徵。即便是到了少年階段的孩子，仍然是閱歷淺、認識能力不高，對很多客觀事實不易分清是非、善惡、美醜、榮辱等界限。有的孩子雖能粗淺地分辨是非，卻也只是知其然，不知其所以然。所以會在做錯了事時，不知道問題出在哪裡，即使經人提醒之後，仍不了解問題的嚴重性，導致後來重蹈覆轍。

和孩子講理，勝於直接體罰

部分家長和老師，往往對孩子期望過高，希望孩子能在看問題、想事情方面一步到位，然而，這是揠苗助長的做法，完全違背了孩子的心理。

教育孩子時，應凡事講道理，從根本上提高他們對事情的認識，增強他們的道德感、理智心，使他們明辨是非、識別善惡、知美醜、體驗榮辱，才能使他們堅持正確的言行，徹底改正錯誤。因此，猶太人認為「說理」是兒童品德教育的基本功夫。

有的家長，會在孩子犯錯時施以體罰，並說些恐嚇孩子的話：「你又犯了錯誤，再不改就揍你！」其實對孩子說這些話，完全沒有幫助。體罰只是幾分鐘的事情，但是孩子還是不了解，到底自己錯在哪裡、這個錯誤的嚴重性又是什麼。況且，體罰時傷害了孩子的自尊心，摧殘了他的創造靈性，還往往有造成逆反心理的負作用。

其實，稍微懂事的孩子，只要知道自己做錯了事，必然會產生一種內疚和恐懼感，心理上會有壓力。如果家長訓斥或懲罰了他們，他們的內疚及恐懼感會得到釋放。他們認為「你們打罵了我、訓斥了我，那麼我的錯應該是抵銷了吧」。我們常常遇到這樣的事，孩子做錯了事，就說「你們打我一頓吧！」這是孩子不能原諒自己的過錯而發自內心的吶喊。如果父母真的打了他一頓，那他的內疚和恐懼感就會很快蒸發了。其實，如果能夠採取無聲的教育或是採取其他更恰當的誘導，讓他知道自己犯的錯誤會帶來的後果和影響，從而使其痛改前非，效果豈不是更好嗎？

某位猶太教育家認為：「受罰最重的孩子，長大之後很少能成為最好的人。」因此，如果把體罰比喻為「衝向禾苗的暴風驟雨」，那麼，說理感化則是「隨風潛入夜，潤物細無聲」。後者才符合教育的意義。

如何對孩子講理

猶太人教育家提醒我們，和孩子說理，要講究方法和方式。

1.「理」要體現道理真諦，抓住孩子心中的盲點

例如孩子學習不用心，不能只針對分數的高低去對孩子說教，應該從學習的意義去講道理，從根本上討論，人為什麼要認真學習。

又例如，青少年若是太早談戀愛，只對孩子講大道理也不行，要用委婉、心平氣和的方式，正確的誘導孩子，才能真正扭轉孩子的思想。

2.以實例搭配道理加強孩子理解

「理」不是指大道理、空道理，說理也不是指說教。大人都不喜歡聽大道理、空談及說教，孩子當然更不愛。我們說理的時候，要多方面引用反、正面案例，或是引導孩子接觸好的書籍、電影等資訊，進而有所體會，獲得深刻的印象。

3.說理要有針對性、啟發性和趣味性

針對性：說理時要對症下藥，避免空談。要依據孩子的理解力、個性差異，調整說理的深淺程度，還要依據孩子的需求，有目的性的說理。

啟發性：說理時要激起孩子的興趣，啟發正面思考。

趣味性：把道理說得生動活潑，聽起來有趣味，有吸引力，不生硬、死板。

家長說理時不僅要入情入理，還要用生動的語言、親切的話語去打動孩子，讓深刻的道理能夠打動孩子。反之，如果家長在講道理的時候，只會板著臉，言語枯燥且態度生硬，孩子當然就聽不進去，甚至還會產生逆反心理。

猶太人告訴家長，對孩子說理時，應注意以下幾個重點：

1.要抓住說理時機：例如：孩子情緒平穩時、與家長感情比較融洽時，或是孩子遇到困難，主動尋求答案時，等等。

2.要適當、適度：在一定的時候去說理，點到為止，哪怕孩子還沒完全接受這些道理，也要適可而止。不要嘮叨、說個沒完沒了，或是想起來就說個不停。當同樣的道理，說得太多的時候，其實等於沒說。

3.以平等的方式說理：不要以居高臨下的口吻說理，說理不等於教訓。這一點，是傳統的家長特別容易犯的錯。

尊重孩子，將孩子視為獨立個體

猶太家庭尊重孩子不僅僅是因為孩子年紀小，需要愛護、關心和培養，還因為他們把孩子視為獨立的個體，且尊重孩子的獨立意願及個性。做父母和教師的，從不去支配或阻止孩子的行為。在孩子成長的大多數情況下，教師和父母都不會代替孩子做選擇，目的是要讓孩子感受到能夠主宰自己。

猶太人非常講究對孩子說話的口氣和方法。當孩子講話時，大人不但要認真聽，還要蹲下同孩子對話，讓孩子感受到你尊重他，避免他有「低一等」的感覺。家長帶孩子外出做客，主人若拿出食物給孩子，猶太人忌諱提早代替孩子回答「不吃」、「不要」之類的話，也不會在孩子表示「想吃」的時候喝斥孩子。他們認為，孩子表達自己的需求，這件事本身並沒有錯。正是因為孩子有需要，才會表達出來，所以任何人都沒有理由指責孩子，只能根據情況適當地做出解釋和說明，加以引導。

猶太人反對父母在人前教子，更不允許父母當著眾人斥責孩子「不爭氣」、「笨蛋」、「沒出息」，因為會傷害孩子的自尊心，猶太人認為，如果父母對孩子這樣做，是一種罪。

偉大的猶太教育家說過：「父母越不宣揚子女的過錯，子女對自己的名譽越重視，因而會更小心維護別人對自己的好評；父母越是當眾宣布他們的過失，使他們無地自容，他們越覺得自己的名譽已受到打擊，維護自己的名譽的心思也就越淡薄。」

猶太人非常用心了解孩子的生理、心理特徵。他們認為孩子只能慢慢長大、循序發展，如果一味要求過高，或是以成人的思維方式要求孩子，往往會事與願違。因此，他們絕對不會做揠苗助長的事。

2.幫助孩子培養良好的行為習慣

猶太人認為在愛孩子的前提下，對幼兒進行必要的行為訓練，是父母的責任。但是要履行這個責任，必須學習一點訓練孩子的技巧。

猶太人認為，兒童是從環境中被動的學習。因此父母要對子女的教育擔負很大的責任。父母如果想讓孩子養成好習慣的話，就不要對孩子嬌生慣養，「像對待一個年輕的成年人那樣對待他們……讓你的行為總是客觀、親切而堅定，永遠不要無緣無故地抱他們、親他們，讓他們坐在你膝蓋上。早上和他們握手道別；如果他們在課業上得到好成績，可以拍拍他們的頭。」只要這樣做，用不了一個星期，你就會發現，完全客觀又親切和孩子相處是多麼容易，你會為自己過去對孩子那種荒唐的溺愛感到慚愧！

在家庭教育中，家長們經常會遇到這樣的問題：

孩子想要什麼，我們就買什麼，但是你給他提點要求，他卻不幹；

孩子不聽話時，你講道理給他聽，他也懂，但就是不照著做。

善用籌碼，強化孩子的正確行為

孩子不聽話，成了現今教育最大的問題之一。但孩子不聽話，究竟是誰造成的呢？猶太人認為還是家長自己造成的，而家長方面的原因中，除了不恰當的溺愛之外，不懂得怎樣對孩子進行行為訓練，是另一個重要原因。

「對孩子不要嬌生慣養」，這只是猶太人教育孩子的一個原則。猶太人在孩子到一定年齡，變得懂事之後，他們就不再完全滿足孩子的所有需求。孩子的需求，除了保障他們身體健康的，例如吃飯、喝水、睡覺、一般的玩具以外，其他任何要求，都不會輕易給予滿足，而是要有條件地滿足。猶太父母們手裡隨時都掌握著一些籌碼——孩子非常需要、非常想得到的東西，包括物質的、活動的和精神的，並把這些東西列為「獎勵品」，用於訓練孩子的時候使用。物質的東西，例如孩子特別想吃的東西、特別想得到的玩具，對大些的孩子來說，還包括錢；活動的，例如給孩子講故事、陪孩子玩特定遊戲、帶孩子出去玩，還有允許孩子看電視，玩遊戲機等等；精神的，例如透過講道理，讓孩子知道自己做得對了的話，就能得到讚賞、表揚，爸爸媽媽就會高興等等。

由於手中握著孩子想得到的東西，所以當孩子表現出一個好行為之後，猶太人就可以運用手中的籌碼做為獎勵品，讓孩子的需要暫時得到滿足，孩子為了進一步得到獎勵物，自然會進一步表現出好行為。猶太人把這個過程稱作「強化」，我們看馬戲團表演時，看到動物表現的各種令人驚異的行為，例如狗算算術、鸚鵡騎車，都是用這種辦法「強化」出來的。人雖然不是動物，但人的行為也需要時時強化。不光是孩子，大人也一樣。你在職場上表現好，拿到的獎金就多，或是考績分數比較高，你以後就會想繼續好好表現。

用堅持，讓孩子了解你的原則

例如，吃飯時間，孩子沒有按時上飯桌，上了飯桌，也沒有好好吃飯，就可以進行訓練。首先，手中必須握有「籌碼」，然後和孩子講好條件：「你想買玩具，好，只要你每天開飯時按時吃飯，好好吃，一個星期天天能做到，就給你買！」

如果孩子已經養成了不按時吃飯的壞習慣，要矯正孩子的壞習慣，也不是困難的事。但家長提出要求時，必須堅決執行。例如，吃飯時不能看電視，那就必須在開飯時堅決關掉電視，即使孩子哭鬧，也不予理會。

如果孩子堅持了一個星期好好吃飯，玩具買了，他的目的達到了，卻又恢復了原來的樣子，不好好吃飯，怎麼辦？這時就繼續提出要求：「好好吃飯，玩具就給你玩；不好好吃飯，玩具就收起來，不給你玩。」

猶太人很清楚，「物質獎勵」是最低級的獎勵，當物質獎勵已經對孩子產生效果以後，要逐漸向「活動性獎勵」和「精神獎勵」轉變。但是對幼兒來說，物質獎勵是不可缺少的。實踐證明，把物質獎勵、活動性獎勵和精神獎勵經常結合起來，效果才能更好。

收回獎勵，直到行為正確

懲罰，是猶太人從另一個角度糾正孩子不良行為的好辦法。猶太人懲罰孩子有三種方式：一是撤銷物質性承諾，例如收起孩子喜歡的玩具，取消購買原本答應要買的玩具等；二是撤銷活動承諾，例如不帶孩子出去玩，不給孩子講原本答應要講的故事等；三是精神上的，例如批評、斥責、情感上冷落，也就是暫時「撤回」對孩子的愛等等。

在愛孩子的前提下，不刻意滿足孩子所有的需求。把這些需求視為條件，作為強化孩子良好行為的工具，用於強化孩子的道德行為和生活習慣。

有人會提出疑問：運用這種方法，豈不是要培養孩子「有好處才幹，沒有好處就不幹」的唯利是圖思想嗎？猶太人的回答是否定的。他們認為對於不太懂事的孩子來說，唯有運用這種訓練方法，才能使他們養成好的行為習慣，同時還可以幫助孩子從小就懂得是非、對錯，懂得什麼是公平、公正、守信和互惠。因為，在對孩子獎勵和懲罰的過程中，無形中傳達了父母對是非、對錯的判斷；和孩子講條件，則是一種契約行為，在契約行為中處處體現著公平、守信等道德原則。孩子從小就懂得這些，對他們將來適應現代社會很有好處。

當孩子養成了良好的行為及習慣，越來越懂事之後，猶太人就會進一步培養他們的同情心、助人行為等等品德修養。

訓練孩子的過程，還有一個重要作用，它可以逐漸在父母和孩子之間形成一種模式。孩子將會從這個模式中了解，什麼樣的行為會使父母高興，什麼樣的行為使父母不高興；什麼樣的行為是父母深惡痛絕的，並從中逐漸省思出最佳行為模式。

猶太人認為在對孩子進行行為訓練時，應該掌握幾個原則：

1.以「愛孩子」為前提，任何時候都不能粗暴對待孩子。不到萬不得已的情況不使用體罰。

2.要掌握原則，在父母子女關係中，主動權、控制權應該在父母手中，父母不能被孩子控制。

3.行為習慣的養成只是教育的目的之一，而不是最終目的。最終目的是要培養孩子良好的個性特質，而個性特質是認知、情感和行為習慣的「結合體」。因此，講道理是家庭教育的永恆法寶。

3. 妥善處理孩子的錯誤行為

在訓練孩子行為的過程中，猶太人最基本的原則是不能滿足孩子的所有需求，以物質獎勵、活動獎勵和精神獎勵來提高孩子良好行為的發生率，同時猶太人也用撤銷獎勵來減少孩子壞行為的發生率。在這個基本原則下，猶太人還很重視以下幾個重要的具體問題。

首先，當孩子出現一個不良行為的時候，必須立刻表現出明確的否定態度。

舉個例子，有些孩子找不到玩具時，會哭鬧、大聲喊叫，此時不善於訓練孩子行為的家長，往往會跟著孩子著急，翻箱倒櫃地幫忙孩子找玩具。這些家長以為，只要玩具找到了，孩子就不鬧了。要知道，家長此時的行為，已經強化了孩子在找玩具時的哭、鬧，及大聲喊叫行為。他會認為，只要我哭、鬧、大聲喊叫，爸爸媽媽就會幫助我找。下次再發生這樣的事，他就會以同樣的方式對父母「下命令」，而且變本加厲，一次比一次厲害。

在這種情況下，父母們最正確的方法，應該是馬上表態：「哭、鬧、大聲喊叫不好！再哭、再鬧，玩具也還是找不到，你自己好好想一想，最後一次玩這個玩具是什麼時候，玩完自己放哪裡了？」如果孩子真的想不起來，還是找不到玩具，可以接著說：「媽媽幫你找玩具，但是有一個條件，不許哭、鬧，也不許大聲喊叫，不然媽媽就不幫你找。」等玩具找到以後，還要對孩子說：「以後玩具丟了，先自己好好想，慢慢找，找不到了，來告訴媽媽，媽媽會幫你找，不要哭鬧、大聲喊叫。記住了沒有？」如果下次孩子忘記了，還是哭鬧，就先提醒他：「上次我怎麼跟你說的？丟了東西，不要哭鬧，先自己好好想想，實在想不起來，就告訴媽媽，媽媽幫你找。」

只要維持耐心，照這樣做幾次，孩子以後找不到玩具的時候，就不會胡亂哭鬧了。

在與孩子相處的過程中，每天都可能發生類似的情況。猶太人認為只要掌握好原則，孩子的行為就會按照父母設計的方式，逐漸朝好的方向發展。如果不懂得這些技巧，又缺乏耐心與孩子講道理的話，那麼孩子變得不聽話，就在所難免了。

第二，在表達否定態度的時候，必須以講道理為先，不要喝斥、打罵孩子。

雖然父母在情緒上難免顯示不高興的樣子，但不要發火。也就是說，要把握好理智和情感的分寸。

很多家長在孩子做了壞事時，不是打罵，就是惡意的恐嚇孩子，他們認為這樣做很管用，能有效制止孩子的壞行為。

一位媽媽說：「有一次，我剛打掃完客廳，孩子就在那裡剪紙，弄得到處都是紙屑。我就大聲喝斥他：『你要自己掃乾淨，還是要挨揍？』我這麼一說，還真管用，孩子馬上說：『我掃，我掃。』你看，問題一下子就解決了呢！」

的確，表面上問題是解決了，孩子也知道不能在家裡弄得滿地紙屑。但是這裡隱藏著許多副作用。首先，孩子並不懂得把紙屑丟在地上為什麼不對。他認為，在家裡丟紙屑，是要挨媽媽打的，只要沒有人打他，這件事就可以做。在家裡，媽媽要打，所以以後不敢在家裡丟紙屑。但是出了門呢？到了幼稚園、學校，特別是在沒有成人在場的情況下，還能保證他不做這種壞事嗎？其次，他以後可能會以同樣的大聲喝斥的方式，對待他的同伴、同學。

有些孩子顯得很有教養，即使是老師不在場，也不會幹壞事。有些孩子則是缺乏教養，經常會出些壞點子，背著老師做壞事，對同學態度蠻橫，但這些孩子回到家裡卻很老實，不敢做壞事，在父母面前像個小綿羊。究其原因，就是因為他們的父母一貫用這種打罵、喝斥的態度教育孩子。父母缺乏教養，自然導致孩子也缺乏教養。

像上面的例子，猶太人的做法是，看到孩子丟了滿地紙屑，會說：「亂丟紙屑是不對的，把地弄髒，媽媽不高興了！乖孩子不應該亂丟紙屑，媽媽喜歡乖孩子。你現在要是自己把地掃乾淨，媽媽就不生氣了。記住，以後再也不要做這種事了！」未來如果孩子無意識地做了這件事，相信他會自然而然主動去掃地。而且，以這種方式教育出來的孩子，就是那種在幼稚園和學校顯得有教養的孩子。

在兩百年前的猶太人貴族學校，有人發明了以嚴厲的方式教育孩子的教育方法。教師雖然嚴厲，但從不打罵，從不大聲喝斥，但是效果非常顯著，從這些貴族學校畢業的孩子，到了社會上，行為舉止就是和一般人不一樣，因為他們從小就接受嚴格的行為訓練。在猶太人家庭中，這種教育方法一直延續至今，不過現在的做法比那時候更寬厚一些。

第三，父母必須在孩子面前約束自己的行為，為孩子提供良好的榜樣和示範。

一位媽媽曾向一位猶太教育家請教：「我的孩子做了錯事，我指出他的錯誤，他不但不聽，還踢我，對我頂嘴，您說怎麼辦？」

猶太教育家說：「您和先生有沒有在發生衝突時當著孩子面做過類似的舉動？」

這位媽媽想了想，不好意思地笑了。顯然，孩子的踢人、罵人行為，是從媽媽爸爸那裡學來的。

觀察學習是人的一大特長。好多事情，你不用教，孩子只要看到了，就會跟著學。動畫片裡的打鬥，反派人物說的壞話、鬧的惡作劇、做的壞事，電影、電視中成人的談情說愛，還有洗腦歌曲、廣告詞，孩子們學得最快。因為他們覺得這些東西新奇、好玩，模仿出來會引起人們的注意，甚至誰模仿得多，誰會受到同伴的欽佩和讚揚。

模仿是人的天性，連成年人都愛模仿別人的行為，孩子更不用說。所以，當父母的，必須在孩子面前約束自己的行為舉止，有些言行，背著孩子可以說，可以做，但是當著孩子面不能說，也不能做。「身教重於言教」這句老話在這裡應該被特別強調。

身為父母之後，言行就必須格外懂得約束自己，要向孩子提供好的榜樣和示範，因為父母必須為孩子健康的身心成長負責。猶太人認為做父母是自己的選擇，因此對於身為父母的責任，做得格外嚴謹，這一點值得我們效法。

4. 適當激勵、表揚和批評

激勵是指透過滿足和發展兒童的內部需要，激發其精神驅動力。猶太人認為這是最能啟動兒童積極性的一種教育方式。

激勵孩子的五種策略

猶太人認為，如果家長了解兒童的正當需要，並建立必要的條件與活動環境予以滿足，給兒童有力的激勵，可以促進兒童身心健康的發展。

猶太人探討了激勵的主要方式。

第一，關懷激勵

熱情肯定孩子，幫助他解決困難，支持他的正當活動，滿足其正當需要，使其得到榮譽、信任、尊重，使孩子的心理充滿溫暖與快樂，他們的積極性便會大大提高。

一位英雄壯烈犧牲了，戰友們在整理遺物時，發現一張保存得很好的信。這是他在中學時，老師總結他的優點之紀錄。這個戰士在求學階段問題很多，成績也不太好，但老師發動全班的同學，挖空心思為他條列優點，並親自做記錄，最後完成了這封信，交給了他。

這件事情讓他刻骨銘心，一直把這封信紙帶在身邊。在這種激勵下，他整個人脫胎換骨，特別是入伍以後——他在犧牲之前，努力建立了無數戰績。

猶太老師是如何為孩子上課呢？

這一節課，老師要為學生們介紹蚯蚓。他請同學們準備一張紙，上來取蚯蚓。同學們捏著紙片紛紛上講臺來拿蚯蚓。許多蚯蚓從紙片上滑落下來，同學們推桌子、挪椅子地彎腰抓蚯蚓，整個教室頓時亂成一片。

老師一言不發，站在講臺冷眼旁觀。

同學們抓住了蚯蚓回到座位，老師接著說道：「請同學們仔細觀察，蚯蚓的外形有什麼特徵，看誰能把牠的特點說得最完整。」

經過片刻觀察，學生們踴躍舉手。

生：「雖然看不見蚯蚓有足，但牠會爬動。」

生：「不對，蚯蚓不是爬動，而是蠕動。」

師：「對！」

生：「蚯蚓是環節動物，身上一圈一圈的。」

師：「不錯！」

生：「蚯蚓身體貼著地面的部分是毛茸茸的。」

師：「對，你觀察得很仔細。」

生：「老師，我剛才把蚯蚓放在嘴裡嘗了嘗，有鹹味。」

師：「好了！我很佩服你。」

生：「老師，我用線把蚯蚓紮好，吞進了喉嚨，過一會把牠拉出來，結果牠還在蠕動，說明蚯蚓生命力很強。」

此時老師的神情變得莊重，激昂地說：「完全正確！同時我還要表揚你在求知過程中所表現出來的這種勇敢行為和為科學獻身的精神。我遠不如你！」

課堂結束了。

猶太老師在課堂上充分運用了「鼓勵」的教育手法。整節課，沒有批評過一個同學，對整個教室「頓時亂成一團」也一言不發。對於學生的答案是以「對！」「不錯！」「太好了！」等回應，對那位與眾不同的「吞下蚯蚓」的學生，給予了極高的評價，並稱讚這是一種「為科學獻身的精神」。其實，多鼓勵、表揚，多說YES少說NO，是所有猶太人教育孩子常用的方法。未來的愛因斯坦就可能在這樣的鼓勵中誕生。

第二，目標激勵

目標具有誘發、導向和激勵的功能。人的一切有意識的行為，都是為了實現一定的目標而發動的。如果能把奮鬥目標訂得越明確，積極性和主動性就越高。因此，猶太人會依據孩子的成長階段，訂定特定的奮鬥目標，當達成之後，再及時提出下一個目標，把孩子的注意力不斷集中到達成目標上，並隨時在孩子努力的過程中，從旁評估、時時提醒，激勵強化孩子的動力。

一位成功的猶太圍棋手說，他母親在他小的時候，曾請命理師替他推算未來。這位命理師說，他日後必定是大人物，可能會是一位將軍，母親從此便以此為目標，處處提醒他。久而久之，他也下定決心一定要做個大人物，最後終於成了棋術高超的圍棋國手。

相形之下，現代許多家長不僅沒有鼓勵孩子，一看到孩子做錯事，或是做了他們不滿意的事時，便脫口而出：「你是笨蛋！」、「怎麼這麼笨！」久而久之，孩子就放棄努力，成了真正的笨蛋。殊不知，父母對孩子的鼓勵和提醒，可以發揮多麼大的作用！父母想要孩子好，鼓勵和激勵絕對是不可少的基本功。

第三，理想激勵

理想是人們對未來的嚮往、追求，它使人積極進取，奮發有為，是獲得成功的一種持久的內在動力。特別是青少年，往往自我中心強烈，有著遠大理想，又渴求成就感，對未來有著充滿天真又豐富的想像力。所以，猶太人家長會指導自己的孩子建立正確的工作觀及理想，並激勵他們從小事做起，逐步邁向理想。

第四，榜樣激勵

孩子畢竟是孩子，都有追求榮耀的心理。所以，猶太人經常給他們的孩子講偉人故事，告訴他們這些榜樣是如何樹立遠大理想、積極進取、勤勞奉獻，以及社會對他們的肯定與讚揚。讓孩子從有血有肉的活生生榜樣中汲取營養，激勵自己積極向上。

第五，民主激勵

猶太人認為即使是年紀小的孩子，也具備獨立意識，而且必須尊重和信任。因此，猶太人家庭中凡事都會與孩子商量，請孩子發表意見、看法和建議。讓孩子過問家事，能激發自主精神，以及家庭一份子的參與感，提升孩子的成就感。例如，有些家長在督促孩子做作業時，會說：「先寫完作業，不然不許玩。」而猶太人家長會這樣說：「你先趕緊寫完作業好嗎？然後，爸爸、媽媽會陪你出去玩。」相比之下，後面的表達方式顯然比較能發揮作用，因為這樣的表達方式流露出對孩子尊重，能激發孩子的積極性。

猶太人提醒我們激勵孩子時，應注意以下細節。

1.及時分析並掌握孩子的需求：確實掌握孩子的需要才能對孩子的行為發揮作用。例如，你的孩子在星期天已經讀了兩小時的英語，你若要求他接著算一小時的數學，他肯定會有些不高興。雖然，他這時候答應你去讀書，但肯定心裡有些心不在焉。無疑，你的動機是好的，但你忽略了孩子當下的需求——他已經讀了兩小時的英語，他需要休息一下。

2.激勵要及時。人們總是對當下和近期的印象最深刻，反應也較為強烈。時間久了，發生的事情就容易被淡忘，要把激勵的效果發揮到極致，必須把握時機、及時激勵，才能發揮良好的效果。

3.激發孩子的良好動機。動機是行為的泉源，是推動行為的原動力。因此，在鼓勵孩子參加活動時，一定要從激發孩子的動機入手。成功啟發動機之後，則要持續把握，讓動機維持長久，並轉化為成長的行為。

5. 培養孩子寬厚的品格

雨果說：「世界上最寬闊的是海洋，比海洋寬闊的是天空，比天空更寬闊的是人的胸懷。」猶太人認為，品德寬厚的孩子在長大後比較容易成就非凡的事業。

孩子的生活是多姿多彩的。他們的身邊有很多同伴，每天在一起學習、生活、玩耍。他們也會遇到一些不順心的事。例如有時會因為一些小事和玩伴爭得面紅耳赤，鬧了彆扭之後，搞得雙方變成陌生人；有的孩子把不順心的事悶在心裡不肯說，變得怪癖而孤獨；還有的孩子控制不住情緒，惱羞成怒與朋友大打出手，險些釀成悲劇等等。

猶太人認為要讓孩子避免這些事件發生，首先要培養孩子廣闊的胸襟。只有學會寬厚謙讓，才能讓孩子有健康的心理，才能讓孩子與人相處融洽。

換位思考，得理更饒人

寬厚不僅僅等於禮讓，還必須在與人交往時講信用、積極關心別人、勇於承認錯誤。與同伴發生衝突時，應透過借位思考來冷靜處理。設身處地為別人著想，寬容了別人就是寬容了自己。遇到別人因誤會而冤枉自己或無意間傷害了自己時，能予以諒解，不應得理不饒人，在指出別人錯誤時，態度要誠懇、友善，不要尖酸刻薄，更不要抓住人家的錯誤不放，應做到得理饒人，讓人有臺階下。

做人寬厚，也要講求原則

猶太人認為寬厚不代表軟弱。不去爭，只會被別人認為是不敢爭；不去吵，只會被別人認為沒本事去吵。漸漸地，一個寬厚的人就會變成一個懦弱的人，該爭的利益也不會爭，該講的道理也不會講，受了損失，還要受氣。

猶太人教育孩子做人要寬厚，但也要有原則。

第一，要讓孩子明白寬厚不等於一味地退讓

做人應當寬厚，在別人需要某些東西的時候，應當盡量給予；在別人犯錯的時候，應盡量原諒。但是給予和原諒也要分場合，也要有原則。當別人和自己競爭的時候也去給予，那必然導致競爭的失敗；當別人對自己惡意中傷的時候也選擇原諒，這就不叫原諒，而叫做窩囊。做人不能一味地退讓，要分清哪些該讓，哪些不該讓。

第二，不要教孩子盲目地善良

有的家長寧願孩子吃一點虧，正所謂「吃虧就是占便宜」。但是，吃虧真的就是占便宜嗎？盲目地善良，不分是非地「吃虧」，只會害了自己。

第三，在必要的時候，要以攻為守

「人不犯我，我不犯人；人若犯我，我必犯人。」但實際上有些人卻是「人若犯我，我也不敢去犯人」，這一類人只會死守，守不住了就退，退不了就忍受，忍不住了就爆發出激烈反彈的行為。所以，在必要的時候，要當好人，也應當對那些惡意傷害自己的人給予有力的反擊。該說的話當說，該爭的利益就要爭，該給別人教訓就要給。在一般情況下解決不了問題的時候，也該讓孩子學會用有效的方法來保護自己的尊嚴。

孩子們往往將自己的智商估計得過高，覺得自己就是智多星。平時，孩子對於這些道理都很了解，但事情一發生，就什麼都忘了。說起來頭頭是道，但是做起來一塌糊塗，自我認知和實際行為有極大的反差。

孩子們容易受到傷害，有時看似是一種偶然，但實際上是一種必然，是由於很多因素造成的。但其中一條是，大人們教孩子自我保護意識時，重說教，輕演練。

猶太人認為要在真實的環境下對孩子們進行實際演練，他們才能確實感受到危險的存在，從而激發其潛在的能力，學到從說教中學不到的東西。如此一來，一旦遇到壞人時，心裡就有底，不再覺得那麼無助，那麼慌張。遇到突發情況，就知道怎麼對付，如何保護自己。

自我保護教育實際上也是猶太人重視的教育。人從出生起，面臨的最低需求就是生存。人們在未受到外界侵害，沒有面臨生與死的威脅時，似乎感受不到生命與保護生命的重要性，而當真正遇到危險時，才會意識到它的重要性。

6. 讓孩子具有人情味

猶太男孩傑克快要滿七歲了。七年前傑克的媽媽由於難產，曾經一度生命垂危。後來經過醫生們的全力搶救，母子終於平安。因此，每年傑克過生日的時候，媽媽總要帶著他來拜訪當年為他接生的婦產科醫生，感謝醫生們高明的醫術，才能讓這對母子擁有今天幸福的生活。即使在傑克生日那天，媽媽有重要的事情不能帶傑克去醫院，也會要求傑克給醫生打個電話，分享他誕生的喜悅。

從小培養孩子感恩的品德，不僅是一種禮儀，更是一種健康的心態。在猶太人家庭中，父母與孩子之間的愛都不是單向的，而是雙向互動的。孩子不只接受來自父母的愛，更懂得愛的回饋。猶太人認為只有學會分享，將來在學校裡、社會上，才能妥善與周圍人相處和合作。因為將來的社會不僅是競爭的社會，更是合作的社會。

今天，在大多數的家庭裡，一切以孩子為中心。在這樣的家庭氛圍裡，生活在富裕的物質環境中，孩子要什麼有什麼，擁有想要的東西似乎是理所當然的一件事。有的家庭吃飯時把最好的菜讓給孩子一人獨吃；看電視時，遙控器由孩子控制；家裡來了小客人，孩子竟不容許媽媽把零食分給小客人吃。這樣就難以培養孩子分享和感恩的心態了。

感恩之心要從小培養

猶太人告訴我們，教育孩子感恩，要從感謝父母開始，要讓孩子明白，父母的養育之恩是要用一生來回報的。猶太人經常給孩子講烏鴉長大後，還返回巢中哺餵自己的父母，就像當初父母從外面尋找食物哺餵自己一樣。連鳥都能做到這一點，又何況是人呢？

猶太人告誡我們教育孩子感恩，不要好高騖遠，要讓從小事做起。例如主動幫助老師擦黑板，對師長有禮貌，尊敬老師，關懷理解父母，為父母分憂等微小的實際事情做起。要努力培養孩子的感恩意識，使他永不忘記別人的幫助之恩，不忘父母師長的養育教導之恩。對於曾經幫助過自己的人，應該發自內心地感激，而不是做些表面工夫。

另外，猶太人認為培養家庭責任也是很重要的。父母可根據孩子年齡，指導孩子承擔一定數量的家務勞動。也可讓孩子參與社區服務，如訪問敬老院，感受為他人服務的快樂或讓孩子體驗父母的辛勞，使其更加珍惜家庭生活的幸福。

要讓孩子學會感恩，父母的以身作則也是很重要的。在生活中，父親與母親應共同承擔家庭的責任和義務，還應共同分享家庭的利益。父母要在乎家中每一個人，關愛每一個人的需求。例如父母常說「請」、「謝謝」、「對不起」，孩子便能從父母的行為之中，看到完美的示範。

當然，猶太人也教育自己的孩子，感恩不能僅僅侷限在對父母的感激上，感恩應該是更廣泛的一種情感。在與他人的交往中，孩子也應真心去感謝那些曾幫助過自己的人。

懂得感恩，才不會妄自尊大

猶太人相信只有懂得感恩，孩子才會樂於助人。要關愛他人，不論是家人、朋友之間的相處，都不應以自我為中心。要讓孩子經常說出自己需要感謝的人或事，學會讚美人與微笑，如此便能自然縮短與他人之間的距離。

感恩也包含了分享的意涵，周圍的人給了我們良好的生活環境，我們也應該回報周圍的人。感恩不是口號，應體現在家庭生活的每一個細節之中。例如不隨地扔紙屑，夜深人靜時不要把電視聲音開得太大聲等，這都是對周圍人的一種回報。感恩是社會上每個人都應該具備的基本道德準則。懂得感恩的人才會有更豐富的情感，更有人情味。

7.培養孩子獨立自主的意識

小約翰與猶太男孩亞倫住同一幢樓，上同一所幼稚園。他們的媽媽也都很疼愛孩子，但是兩人的觀點不同，做法不同，教育結果也就很不一樣。孩子上中班時，幼稚園老師要求孩子學習整理床鋪。兩個孩子清晨起床按照老師教的方法，自己動手疊好了被子。

面對孩子自己動手疊得不夠整齊的被子，兩位母親是怎樣做的呢？

小約翰的母親氣沖沖地對孩子大喊：「我說你不會疊，你偏要逞能，看！疊得亂七八糟，像什麼樣子！走開，我重新幫你疊。」媽媽毫不猶豫地把孩子費了九牛二虎之力才疊好的被子打開，重新疊了起來。小約翰默默地走到一邊，傷心透了，從此他不願再逞能，不願再嘗試自己做事，都交給媽媽做。

亞倫的母親的反應則是欣喜地讚賞孩子：「喲！今天你自己疊被子了，真能幹。來！讓媽媽看看。嗯，不錯，如果這個地方再整理一下就更好了。」媽媽一邊說著，一邊教孩子怎樣把被子疊得更整齊。亞倫受到鼓勵，不僅把被子疊得越來越整齊，而且獨立做事的興趣和信心都越來越強了。

每個家長都希望自己的孩子變成矯健的雄鷹，但若要讓雛鷹長成雄鷹，就必須放手讓牠自己飛。猶太人認為要想讓孩子長大成才，自立於社會，一定要從小重視培養孩子的獨立性，提高他們的獨立自主的意識與能力。在這一點，猶太人媽媽的做法是正確的，也是有遠見的。

培養孩子獨立自主的原則

為了培養孩子從小建立獨立自主性和能力，應做到以下幾個方面。

1.尊重並培養孩子的獨立自主意識

一歲的孩子已經開始產生獨立自主意識，他們什麼都要自己做：自己拿湯匙吃飯，自己跌跌撞撞地搬小凳子。隨著年齡的增長，他們不僅要獨立穿脫衣服、洗臉洗手，而且還要自己洗手絹、洗襪子，自己修理或者製作玩具，甚至還想自己上街買東西，自己洗碗。對於孩子增長的獨立意識，家長一定要予以重視，並支持、鼓勵他們。「你只要好好學，一定能做好！」千萬不能對他說：「你還小，做不到」

2.提供孩子發展獨立自主性的機會

為了培養孩子的獨立自主性，必須放手讓他們去做能力所能及的事情，即使孩子做得不好，處理得不圓滿也沒關係。有些家長老是怕孩子做不好，習慣於直接把孩子的事情搶來做，總以擔憂的目光注視和提醒孩子，或者乾脆替孩子掃除障礙，鋪平道路。這種態度和做法，有意無意地束縛了孩子的手腳，也阻礙他們獨立自主性的發展。

3. 教導孩子獨立自主的知識和技能

孩子不僅要有獨立自主的意識，還要有相應的知識和技能。必須願意自己做事，而且還要具備自己做事的能力。例如，穿脫衣服、洗臉洗手、掃地、擦桌子，這些教育是在日常生活中自然而然進行的。獨立自主性還表現在學習、交往等各個方面。家長要教孩子自己完成遊戲和學習任務，自己去與人交往；當孩子和朋友發生糾紛時，還要懂得運用各種方式去獨力解決衝突。

4. 讓孩子自己做決策

自己做決策是獨立性和自主性發展的重要面向。孩子應該自己去思考，自己去決斷。玩具放在什麼地方？遊戲角色怎樣布置？和誰玩？玩什麼？這些孩子的事，家長不要做決定，要讓孩子自己去動腦筋，想辦法，做出決策。家長可以幫助孩子分析，引導孩子決斷，但不要干涉，更不要包辦，也不應該代替孩子做決策。

柒／

傑出猶太人堅持誠信為人

猶太人把信守契約視為神的旨意，

因此，他們一直都能做到堅持誠信。

這已經成為他們被世人稱道的美德，

也是全世界的商人都願意與他們做生意的重要原因。

1. 猶太人把誠信視為做人之根本

猶太人不僅在商業上的成就令世人矚目，他們在做人方面也非常有修養。他們的觀念是做事要先做人。誠信是他們的做人之根本。他們認為，作為一種人品修養，誠信不再是交換手段，更不是牟取暴利的工具，而是人格的一種體現。

誠信是做人的準則，認認真真地做人，這是很多猶太人的信條。其中誠實守信，被認為是格外重要的一條。誠實所能賦予的，不僅僅是一個精神上的榮譽稱號，它還是實實在在的一筆財富。

在猶太人的觀念裡，人是一種社會動物，總要與他人交往。一個人能夠長期堅持以誠信待人處世，就會形成誠信的人格。具有誠信人格的人，就會贏得人們的普遍信賴。自尊者人尊之，自敬者人敬之，自信者人信之，這是人際交往的必然規律。

從交往中洞察他人的誠信

猶太人認為，一個人誠信與否，是以行為和時間來檢驗。一個有道德的人，以己之心度人之心，自己誠信，故而也相信別人的誠信。然而，並不是每個人都言而有信、言行一致的，因此要「聽其言而觀其行」。有的人自以為很高明，認為人都很好欺騙，故而長於言而短於行。但是，人畢竟是不能靠欺騙生活的，當其欺騙的把戲被人們普遍知曉的時候，這種人就昭然若揭，再也沒有欺騙的舞台。越是隱蔽微小的地方，越能夠看出一個人的真正的面目。即使偽裝得再高明，還是會露出破綻的。只有表裡一致的人，才沒有破綻。

內在德性誠實的人，一般來說，都不會刻意表現自己的誠實，而慣於說謊的人總是誠懇地向人訴說自己的誠實。誠實的人總覺得人人說的都是實話，不誠實的人總覺得別人都不誠實；厚道的人常常認為人人都厚道，工於心計的人常常認為人人都工於心計。具有豐富人生經驗的人，不需費很大的氣力就可以透過言談洞察一個人的德行。猶太人正是這種在交往中，既能保持誠信，又能洞察他人的高手。

失去誠信將寸步難行

猶太人認為誠信作為人類共同的基本道德規範。與人交往，自己首先要保持誠信。正常的、和諧的人際關係的維持，則需要雙方或多方都講究誠信。「信」字還包含同心相知、彼此信任的意思。如果雙方當面說一套，背後搞的是另一套，友好的關係將難以維持，兩人更不能成為朋友。彼此以誠信相待，不因偶然事件而動搖，不因時光流逝而褪色，才算得上是真正的誠信。

猶太人在聘任員工時，同樣把「誠信」放在首位。在招聘的過程中，「誠」是最被看重的特質。「一旦發現應聘者有欺騙行為，將會立即取消資格」，他們最不能容忍的就是不誠實，不管你多有經驗，多有能力，「道不同，不相為謀」是他們的準則。與此相應的是招聘市場的對人、對事的無條件信任。「你有什麼能力，達到什麼程度，說什麼我都信。」這是他們在招聘時基本的相互信任和尊重，但如果存心欺騙，應聘者將不會有第二次機會。

誠信為人是各行各業信守的真理。猶太人認為沒有誠信，人類在這個世界上將寸步難行。企業家失去了誠信，就會失去有力的合作夥伴；商人失去了誠信，就會失去他的生意；科學家失去了誠信，將遭到學術界的譴責；學生失去了誠信，將喪失他在同學之間的威信，也會失去他最要好的朋友；而一個市民失去了誠信，他將連貸款買房子這樣的事情都無法辦到。

在猶太人看來，誠信應該是雙向的。不僅是自己要對別人誠信，同時還要相信別人的誠實。換句話說，誠信還可以解釋為「相信誠實」。誠信可以使人們合作愉快，疑神疑鬼最容易傷害彼此的感情。

猶太人從小就非常重視誠信，他們認為青少年的誠信程度對於社會誠信水準有著直接的影響。提高青少年對誠信在社會上重要性的認識，以及培養青少年的誠信意識，是學校德育工作的重點，也是建立個人誠信體系的重點。只有信任才有助於人際關係的建立與維持。

猶太人認為誠信對商人來說，就像是水對魚一樣重要。有信譽的人，具有龐大的號召力，可以化腐朽為神奇。無論環境如何惡劣，只要憑著「真正做人，信譽為本」的信條，必能成功創造奇蹟。

誠信是一種理性的昇華

猶太人堅持做誠信的人，並不等於做一個誰也不敢得罪的老好人，也不是做一個逆來順受的老實人，更不是做一個循規蹈矩、不思進取、沒有活力的人。當真誠過了火，以致於不分時間、條件、場合和實際情況時，它就是錯誤的。有時候，這種錯誤還是致命的。過於誠實起源於對社會的理解過於簡單，其中不乏幼稚的成分，無法適應複雜的商業競爭和人際關係。

誠信不是一種盲目的衝動，更不是一種廉價的同情與施捨，而是一種理性的昇華。做一個善意的老實人很重要，做一個聰明的老實人更重要。

值得指出的是，猶太人認為在公共領域中，誠信更是具備格外重要的價值。他們認為公共領域的倫理關係不僅比私人生活領域的倫理關係更寬廣，而且更為複雜。家庭內部的關係，是靠親情維繫；而社會上的種種關係，是靠信義維繫。只有在做人時講求誠信，才會有事業上的成功。

2. 誠信使企業長久發展

猶太人在總結他們的成功經驗時，認為：誠信是他們經商的立身之術。成功的猶太人認為，無論在日常生活中，還是在與人交往時，誠信都是不可或缺的。他們認為，誠信是市場競爭的黃金法則，誠信機制是市場經濟有序發展的基礎。市場經濟越發達，就越要求誠實守信。誠信是企業在激烈的市場經濟競爭中存在並發展的保證，企業若想生存、發展，就必須遵守「誠信」這個經營準則。

然而，從全世界的經商狀況來看，情況並不樂觀。道德的低落、誠信的缺失已經使社會發展產生了嚴重的危害。調查顯示，至少有百分之三十以上的企業被仿冒產品侵權；社會誠信合同違約、商業欺詐現象嚴重；偷稅漏稅等行為屢禁不止；呆帳、欠債不還等現象普遍存在。例如阿富汗一間七十餘年的知名食品廠商，以破產而告終，其破產的直接原因是該食品廠商使用過期的原料生產糕餅，被媒體曝光後，訂貨單位紛紛退貨，無人再購買該廠生產的系列食品，破產的根本原因是該廠家喪失了誠信道德；又例如，一些地方和企業曾經以走私等違法失信行為而得益，最終嚇跑了投資者和消費者。可見，企業誠信缺失，就會妨礙企業競爭力，甚至導致更大範圍的信譽喪失。因此，不講誠信，不僅危害他人，也為自己造成了重大損失；既破壞了市場經濟秩序，還拉低了整個社會道德標準。

堅持以德經商、誠信服務

聰明的猶太人經常以這些失敗的例子引以為戒，並把誠信列為經商的首要之道。他們認為誠信經營與商業發展是相輔相成、相互促進的。企業講誠信，就能贏得消費者的信任，還能為企業帶來無窮的財富。企業的發展是與嚴格遵守誠信原則、堅持誠信經營、樹立良好的形象等作為密不可分的，他們認為誠信是商業發展的助推力。猶太人在經商方面，堅持以德經商、誠信服務。在商業界，他們每年評比「十大誠信服務明星」，大幅優化了企業服務品質，提升了企業形象，贏得了消費者的信任。

成功的猶太商人非常重視在企業運行的各個環節講究誠信。

1. 對產品品牌等方面的宣傳應講究誠信

在經商時，猶太人對產品品牌的廣告宣傳，本著實事求是的態度如實地宣傳企業的產品品牌，不採取誇大其詞等虛假手段。聰明的猶太人認為採取誇大其詞等虛假手段去宣傳，儘管可能會一時矇騙部分消費者，但矇騙終究無法持久。一旦消費者發現企業採取誇大其詞等虛假手段去為產品品牌作廣告宣傳的話，就不會買帳了，這反而會為企業帶來不良的影響。所以，高明的猶太企業經營決策者決不會採取誇大其詞的手段去為其產品進行虛假的宣傳，他們在商品的廣告宣傳方面，往往都會採取實事求是的誠信態度。因為猶太人堅信實事求是的誠信的產品廣告宣傳，對促進產品的銷售有最長遠的作用，是無可否認的。

2.產品外包裝上標示的分量要講求誠信

產品外包裝上標示的重量與實際重量不符，是近年來全球商界較為典型的欺詐現象，與誠信經營背道而馳。聰明的消費者，一旦發現這種欺詐情況，就不太可能會再度光顧消費。

猶太人在外包裝標示的品質問題上，特別注重實事求是，從來不會出現包裝與實際不符合的現象。他們認為表裡如一很重要，外包裝標示的一切，都是對產品的說明和介紹，是用來給消費者看的，是用來讓消費者了解產品的真實情況的。他們認為，如果外包裝的說明跟實際不符合的話，消費者第一次可能會因為不了解而購買，但絕不會再有第二次、第三次。所以成功的猶太商人特別講求品質的誠信原則。

3.售後服務方面講究誠信

猶太人在談到成功之道時，常常會說，售後服務方面的誠信也是非常重要的。他們認為切實認真地做好產品售後服務工作，說到就要做到，是贏得消費者們信賴和達成再次購買的重要因素之一。不僅能夠贏得消費者們的信任，讓消費者們更樂意購買你的產品，從而提高產品的銷售量。這對企業本身也有很大的好處，才能在日趨激烈的市場競爭站穩腳跟。

3.猶太人誠信經營三大意識

傑出猶太人之所以能在商業的經營上引起全世界矚目，成為全球商人學習的典範。就是因為猶太人在經商的過程，擁有寶貴的誠信經營意識。

1.堅持誠信為本

猶太人在經商時堅持「誠信為本」的宗旨，在員工訓練、制度建立和經營活動中，處處突顯「誠信」二字，他們在公司員工中開展了內容豐富、形式多樣的誠信學習教育活動。

猶太人經常組織員工學習《金融誠信論》和上級領導有關誠信的動員講話，以及經商法律法規知識，開展堅持依法經營、恪守職業道德、信守合同承諾、優化服務、提高社會公信力和美譽度問題的大討論。猶太商人還經常舉行以誠信為主題的演講比賽、知識競賽，不斷增強員工的誠信意識和規則意識，「誠信為本」的經營理念成為員工日常工作的行為準則。還制定包括對核賠、核保、重要空白憑證管理、會計核算、個人代理、個人代理行銷等一系列的管理制度，約束員工的經營行為，把日常業務工作納入制度化、規範化的軌道。為優化服務品質，提高工作效率，還向社會公開承諾，如果品質和服務有違背經商道德的話，將做出相應的賠償。他們還定期組織消費者座談或上門走訪，聽取消費者的意見建議，及時糾正工作中存在的問題和不足，增進與消費者的溝通與了解，接受社會的監督。猶太人的經商成功，與他們這種從各個環節堅持誠信的觀念密不可分。

2.用誠信化解風險

猶太人認為誠信不僅可以贏得消費者的信賴，還有化解商業上風險的作用。

在以色列某縣城，一間猶太人經營的汽車公司生意一向非常興隆，每年有兩千八百多輛大小貨車奔波於全國汽車貨運市場，因此也成為當地政府、銀行、保險業傾力扶持的產業。最後，該汽車公司為配合當地銀行汽車消費貸款業務的開展，減少銀行的信貸風險，推出了車貸保險業務。該業務規定：如果借款車主不能如期歸還銀行貸款，將由保險公司代為賠付。由於管理不力，一些借款車主不及時歸還銀行貸款，使銀行汽車消費貸款違約率不斷上升，全縣不良貸款最多時達一千四百多萬元，給業務帶來了龐大的經營風險。面對這一難題，該公司的總裁進一步加大誠信建設的力度，在車主和經銷商中強化保險誠信意識，營造一種以講誠信守承諾為榮、以背信違約為恥的社會輿論，曝光了一批違規違約的車主名單，尤其是以自己誠實守信的經營行為感染了廣大的客戶。同時，還運用法律手段清收違規違約的車主借款，使許多欠款的車主紛紛主動到銀行歸還貸款，既維護了公司自身權益，又推動了誠信建設。到目前為止，由該公司承擔保險責任的貸款僅十餘萬元。

3.以誠信贏得市場

在猶太人看來，商業誠信是社會誠信的重要組成部分，是保證市場經濟正常運行的重要元素，加強商業誠信建設，打造誠信商業，對於促進商業健康持續發展有著十分重要的意義，這是猶太人的經驗之談。

猶太人經營的超達閥門股份有限公司創辦時，正值產品低潮期，當時這種巨大壓力，使許多本地企業紛紛投靠外地企業，唯有這家工廠沒有隨波逐流，依然固守著引配閥門廠。當時，有許多人感到不解，為何不換個方式經營？這位猶太商人回答：「我們做的是產品，應該像做人一樣，亮明真實的身分。」

這番話聽來簡單明瞭，但在這種「城門失火」的情況下，這位猶太人卻為堅守誠信犧牲了不少市場。對此，這位猶太商人並不氣餒。他認為：「大廠不願做的小訂單，我來做。如此一來，儘管小批量、多品種的閥門生產利潤低，但我們的工廠都能盡心盡力地去做，真正做到『急用戶所急』。」

有一次，該公司按合同要求向外地某廠發去了一批普通三通球閥，可是事後該用戶因選用失誤，提出退貨的要求，並另外訂做一批旋塞閥。對此，這位猶太商人都一一滿足對方的要求，並在一週後完成了趕製任務，解了用戶的燃眉之急。正是由於這些點滴積累，超達現已獲得了用戶的廣泛信任，近兩百家特大型企業都已從超達產品當時的小量用戶成長為大用戶。

因為成功的猶太商人認為，企業每個階段都要做好自己的定位，說到做到，講誠信，就必須要有誠信的實力。只有真正做得到，才是真正的誠信。具體地說，產品品質是製造業的根本，也是誠信最直接的體現。在這位猶太商人的帶領下，超達始終高度重視產品品質，在設計、採購、加工、裝配、試驗檢驗以及使用者服務的全過程中，均嚴格按照國際品質管制體系的規則和程式進行運作。此外，他還非常注意透過不斷的產品創新來滿足使用者的動態需求，實現深層的誠信；而對內則要善待員工，穩定員工心理。只有誠信的管理和誠信的員工，才能建構誠信企業。

正是由於這位猶太商人對誠信的堅守，現在這間公司的產品，除了在巴基斯坦近兩百家特大型企業廣泛應用外，還有百分之四十的產品出口到日本、韓國等地。

這位猶太人最終以誠信贏得了大市場。正因猶太人在經商時把誠信視為制勝法寶，才能使他們的商業立於不敗之地。

4.打造誠信商業的措施

傑出的猶太人在打造誠信商業方面非常用心，他們把打造誠信商業的措施歸結為以下四個方面。

1.堅持自律和他律相結合

在猶太人看來，健全和完善誠信經營是長效的管理機制。他們認為「誠信缺失」的深層因素，是缺乏必要的自律和他律機制。內因是變化的根據，外因是變化的條件，道德的自律性與社會環境的他律性是對立統一、相輔相成的，離開了他律性也就無所謂自律性。因此，猶太人在商業誠信建設中，認真貫徹有關誠信方面的原則，注重把握好商業誠信的道德自律與誠信他律的對立統一關係，在加強誠信教育的基礎上，重視發揮誠信的他律機制作用，建立健全維護誠信的制度保障和監督約束機制。

猶太商界同時還發揮群眾監督和新聞輿論監督的作用，透過公開服務品質標準、監督電話、舉報郵箱等，形成社會監督機制，使失信者一處失信，處處受到制約。確保誠信者得利，失信者受到處罰，毀信者被淘汰出局，形成誰也不敢冒失信風險、人人願靠誠信競爭的良好風氣。此外，猶太商界還建立客觀公正、有效的商業誠信評級體系。制定服務品質規範實施細則和服務標準，建立商業協會、商業企業、經營者和員工的誠信檔案，客觀公正地反映商業企業在品質、價格、廣告、合同、銀行資信等方面的誠信度，適時開展商業行業「誠信經營先進單位」的測評，推進商業企業誠信經營。

2.以誠信為槓桿

猶太商人非常重視以商品品質為重點，以誠信為槓桿，堅決杜絕假冒偽劣商品進入流通領域。他們認為商品品質是誠信經營的關鍵，講誠信首先要講商品品質的誠信。他們認為商業企業要站在整頓和規範市場經濟秩序的前列，加強商品品質管制，建立商品的品質管制、品質監督和品質保證體系，嚴格把好商品的進貨關、檢驗關和銷售關，從入口環節把好關，不讓假冒偽劣商品進入流通領域。

猶太人注重大力發展連鎖經營、物流配送、電子商務等系列新型流通組織形式和行銷方式，提高商業企業和組織化、規模化程度，實現經營行為的規範化和經營方式的標準化，從根本上杜絕假冒偽劣商品進入市場，以求淨化流通環境，規範流通秩序。同時要以誠信為槓桿，與供應商建立良好的信譽關係。

在猶太人看來，供應商是商業企業的重要合作夥伴。在同供應商的合作中，要守合同、重信譽，做到公正、透明，不搞暗箱操作，不歧視小規模供應商，不向供應商收取不合理費用，不與供應商發生債務糾紛，不違背國家政策和市場經營準則、炒買炒賣等不規範競爭，以建立良好的穩定的供貨管道，保證商品的品質。

「誠信」二字非同小可，「人無信不立，業無信不存，國無信不興」。成功猶太人認為在商業中，誠信是一種準則，它的作用是輔助法律來規範市場秩序；誠信是一種責任，要求所有的商人要為消費者負責；誠信是一種資源，它能為重視誠信商人帶來雙贏的回報；在國際市場上，一個國家講誠信，就會樹立良好的國際形象，帶來的利益要遠遠高於誠信的投入，反之，不誠信，導致的損害則將遠遠大於破壞誠信的成本。猶太人認為講不講誠信，不單是個人的問題，國家、天下都離不開誠信，對金融市場而言，更是如此。

3.創新服務手段、服務內容和服務方式

猶太商人認為，為消費者營造放心安全的消費環境對經商非常重要。「安心」是目前消費者最大的顧慮，有些消費者情願買價格昂貴的品牌商品，就是因為對品牌商品的品質比較放心。

猶太商人分析：當前國際市場銷售不旺，新的消費熱點難以形成，其中一個重要原因，就是服務手段和服務方式還不能滿足消費者的要求，無法讓消費者放心消費。因此，面對新的市場形勢，猶太人在服務手段、服務內容、服務方式、服務範圍提出了新的要求，更進一步強化

了服務意識，增加了服務內容，採用了新的服務方式，提升了服務品質。以達到逐步提高服務水準，切實為消費者提供舒適、便利、安全、衛生的環境的目的；猶太商人在提供熱情、周到、規範、真誠的服務的同時，並不斷創新提升服務品質和水準，實施技能服務、品牌服務；嚴格履行商品的「三包」和其他售後服務，兌現對消費者各項服務承諾，用服務來吸引顧客，用服務去占領市場。

4. 緊抓內部誠信宣傳

猶太人特別相信「人」是誠信經營的主體這條信念，他們認為企業誠信經營的信譽度與員工的素質密不可分。誠信是企業文化的最基本的要素，是構成企業文化的重要內容。因此，猶太商界，把誠信宣傳、誠信教育工作視為建設企業文化的重點，大力塑造企業的誠信精神。

成功的猶太商人非常重視企業本身的誠信管理，也非常重視企業內部員工之間，員工與管理層之間以及管理層與投資者之間的誠信問題。他們認為一個企業如果內部缺乏誠信，會造成嚴重的後果。市場是無情的，對於一個在最需要誠信的行業裡生存和發展的企業來說，如果經常做破壞誠信的事，將無法這個行業裡繼續生存下去。他們認為企業的發展最終仍有賴員工們的努力，管理者可以為企業的發展制定嚴密的計畫，嚴格的規章制度，公平合理的人力資源政策等，但具體的實施以及實施的效果仍取決於員工，因此誠信教育格外重要。

誠信教育如此重要，但卻因為範圍廣泛，無法以文字逐一規定得清清楚楚，所以在管理上，仍應把重點回歸到加強員工道德和誠信觀念。

猶太商人非常注重提高員工的誠信意識，他們經常要求員工在經銷時要做到誠實守信、童叟無欺，用優質的商品和服務滿足社會需要。猶太商界經常積極組織以「誠信經營、規範服務」為主題的系列活動，以求推動規範服務和品牌服務。

5.用絕對的誠信對待消費者

傑出的猶太經營者堅信只有誠信經營，消費者才能放心消費。

有人把如今的商業競爭比喻為海上衝浪，勇敢者會攀上波峰，怯懦者會跌入浪花之中。然而，猶太人不僅認為從商者不僅要有勇有謀，還要具有誠信經營的理念。在他們看來，只有誠信經營，真正把消費者視為上帝，處處維護消費者的合法權益，才能贏得消費者對商家的信任，從而能夠坦然去消費，不再對商家懷有警惕的心理。從誠信經營到放心消費，形成了商家和消費者雙贏的有利局面，猶太商人認為，這是一個良性循環的態勢。

市場競爭，誠信被視為絆腳石

在猶太商家經營的過程中，始終本著誠信經營這一條基本準則。但是，隨著市場競爭的日趨激烈，這些準則漸漸被一些商人視為阻礙發展的絆腳石而遭到摒棄。更有一些商人，開始挖空心思地動腦子、耍手腕，用「以次充好」或「釣魚上鉤」等層出不窮的花樣欺騙消費者，從中牟取暴利。殊不知，這種只顧眼前利益而不惜損害消費者利益的做法其實是一柄「雙刃劍」，在傷害消費者的同時，也毀壞了自己的經營之路。在日常消費時經常可以看到消費者被欺騙的現象，例如表面的折扣，其實價格明降暗升；還有承諾售後服務的，結果買回東西出現故障後，商家的維修電話永遠是空號……凡此種種，不勝枚舉，失去了「誠信經營」作保障，叫消費者如何能做到放心消費？試問，哪位消費者肯再次光臨欺騙顧客的商店？

猶太人之所以經商非常成功，一方面就是因為他們始終以誠信對待每一位消費者，他們認為誠信經營賺錢是最聰明、也是最長久的祕訣。在猶太商家中，始終堅持公平買賣，如實地向消費者介紹產品的優缺點，讓消費者自行選擇。這樣做反而使消費者更信賴商品的品質，猶太商家這樣的誠信行為帶給消費者留下良好的印象，其結果反而會超過廣告所產生的效應。

誠實不欺的態度，贏得信任

記得在一次全球商人的報告會上，一個做水產生意的猶太老闆給大家這樣介紹他的成功之道：剛開始他的生意並不怎麼好，透過朋友的介紹給一家大酒店送水產。由於他特別講誠信，後來凡是他送去的貨，酒店不再過秤。但是有一次卸貨時，他發現蝦好像比平常少了，因此他堅持要酒店人員稱一稱份量，結果真的少了三斤蝦，原來是夜裡燈光不好看錯了秤。如果他不說，沒人會知道，但是誠信原則使他堅決補上不足的蝦，他也因此更加贏得了別人的信任和尊重，生意也越做越好。他正是以這種誠信態度，把自己的事業從市級企業做到全國，再由全國走向世界。

聰明的猶太商人都非常清楚：不誠信經營，不僅失信於消費者，讓消費者無法放心，還會使得消費者不得不拿起法律武器來維護自己的權益。

現在存在信任危機的，除了日用、副食行業以外，還有裝潢行業。在猶太人經營的裝潢業中，始終奉行「一切為了客戶」的經營理念，與消費者簽訂合約前，不誇大其詞；合約簽訂後，在工程的過程中，始終接受客戶監督。每道工序完工後，收到客戶滿意的回饋，他們才會進入下一道工序。猶太人這種規範的服務，無疑是給消費者吃了一顆定心丸，不僅能保證服務的品質，避免了消費者的流失，同時也贏得了消費者的信賴和更好的銷售量。

猶太人認為各行各業的經營者，成功之路或許有千萬條，但誠信經營一定是必經之路。猶太商人始終奉行企業光明磊落、貨真價實的信條，只有商家真正做到誠信經營，才會有消費者的放心消費。

6. 誠信是成功的經營法寶

猶太人成功寶典裡有這麼一條：「誠信是市場經濟的生命和靈魂，是企業從事生產經營活動的必備四要素，有著真金白銀般的經濟價值。」一個明智的猶太商人，一定會把自己訓練得十分出色，不僅要有出色的經商本領，為人也要做到十分的誠實和坦率。因為他們認為市場經濟既是競爭經濟，也是誠信經濟。

遵守法律，建立誠信體系

毫無疑問，市場經濟就是誠信經濟，沒有誠信，市場是無根的浮萍。很顯然，在市場中，人們的一切經濟活動都必須透過與他人的交易來完成。小至你在街上一手交錢、一手交貨的現貨買賣，大至國與國之間貿易協定的簽訂，都是經濟活動。但是，在這些交易中，人們憑什麼來相信對方的東西是真實的呢？在日常生活中，當你進入一家銀行，儘管你對這家銀行的經營狀況可能是一無所知，但你卻會毫不猶豫地將自己辛苦掙來的錢交給櫃檯的出納員，僅拿著一張存單悠然而去；當你向一家企業訂購一批貨品，廠商會欣然接受你的刷卡資料，你只要在家裡等待，企業就會把你訂購的貨品宅配送到家；當你走進一家過去從來沒有進入過的醫院時，你會答應醫院中未曾謀面的醫生為你動手術；你也會向轎車送貨商預付車款，而這些轎車是在外國工廠中，由根本不曾與你見過面的工人生產製造等等。這一切都是憑藉市場的誠信法則來維繫的，離開了人們之間的誠信關係，不僅會使整個交易的成本增加，有時也會使人們之間的交易根本無法進行。離開了誠信，市場將無法生存。

美國能源巨頭安然公司因虛報營運收益，不僅官司纏身，而且導致破產；涉嫌幫助其造假的世界著名的美國安達信會計師事務所也相應陷入誠信危機。時下企業失信問題亦觸目驚心，從市場上的假冒偽劣商品到股市上的暗箱操作；從企業間糾纏不清的三角債到銀行間的誠信危機；從足壇上的黑哨到學術界的腐敗，不一而足。這些問題都跟猶太人的經營風格形成了鮮明的對比。

良好的信用紀錄是獲得機會與幫助的關鍵

猶太人對企業的誠信關係做得非常好，他們在企業與投資股東、企業與消費者、企業與債主、企業與經營夥伴、企業與員工等關係上均非常重視誠信原則。他們認為，企業如果處理不好這些誠信關係，對內、對外失去誠信，內部凝聚力和對外競爭力都無從談起。但是，現在就有一些企業造假賬欺騙股東，或是借了銀行貸款後而惡意賴債，或是坑害消費者。這類不講誠信的觀念和行為，嚴重擾亂了市場秩序。

目前有很多銀行家在給予商人貸款時都十分小心，他們對那些資本雄厚，但品行不端、不值得信任的人，絕不會放貸一分錢；而對那些經商信譽度比較好的小商人都可以慷慨解囊。成功的猶太人注意到：越是細小的事情，越容易給人留下深刻的印象。要獲得他人的信任，除了要有好的辦事能力外，還需要有正直誠信的品格。一個人一旦失信一次，別人下次就不願意再和他交往或發生商業往來了，因為他的不守誠信可能會衍生出許多麻煩。這是猶太商人贏得多方好評的主要原因。

特別是面對經濟全球化趨勢的現在，猶太人更是把誠信當成制勝的法寶。他們認為如果缺乏誠信支持，任何企業都無法參與國際競爭，更談不上跨足世界經濟，「誠信二」字非同小可。

再看看現在，企業誠信管理基礎差，個人誠信問題屬於空白狀態，「劣跡」和「誠信污點」的企業大量存在，個人屢次行騙而不被察覺，這都是「誠信」缺口流失的主要原因。

市場經濟的發展需要完善誠信體系，而誠信是相互給予的。企業內部普遍缺乏基本的誠信管理制度，也是誠信缺失的原因之一。除了猶太人之外，很少會有企業設立專門的誠信管理部門或人員，這容易導致因守信不當使合約無法履行，以及企業對履約計畫缺乏管理而違約現象的頻繁發生，又會因對合作客戶誠信狀況缺乏了解而受騙上當。猶太人成功經商的法寶之一，就是有一套維護誠信的完善體系。因為他們認為一個民族不能缺乏誠信觀念，一個國家不能缺乏誠信制度，一個社會不能缺乏誠信體系，一個企業不能忽視誠信管理。實踐證明，一個民族要在世界競爭，誠實守信就是首要王牌，建設誠信體系成為必然。

失去誠信，市場體系將陷入混亂

猶太人認為成功的商業發展需要一個好的外部環境，如果整個社會生活中缺乏誠信，就會增加市場交易的難度和摩擦，干擾了市場上的投資、貿易與信貸的正常業務，扭曲了資本市場的功能，又降低了人們投資與消費的信心，給社會經濟穩定增長帶來巨大損害，從而大幅影響企業的發展。成功猶太人都會把企業內部的誠信看得很重要，他們的成功經驗告訴我們，這樣可以降低內部的管理成本，增強企業內部的團隊凝聚力，並且是企業文化建設的重要面向。所以他們都非常強調加強企業的誠信管理。但外部誠信與內部誠信有緊密的聯繫，它們共同構成了企業健全發展不可分割且必要的兩部分。

猶太人認為，誠實與誠信在成功人士的商業活動中具有非常重要的作用。一旦某個商人出現誠信問題，那麼商業交易的難度便會提高，商業投資也會受到影響，企業在消費者心目中的信譽度也將隨之降低。成功的猶太人士經商一向在講究法律的同時，更是重視誠信。他們認為如果沒有誠信為基礎，他們的商業就不可能得到順利發展。一旦誠信在經商時得到破壞，將會導致整個商業氛圍的破壞，還會引發許多衍生的問題。每個成功的猶太商人當他們的商業做大了後，都會進行規範的管理，要求人與人之間要以誠相待。

成功的猶太企業家分析，在經商上缺乏誠信付出的代價，至少有以下幾種。

第一，誠信缺失大大增加了整個社會的交易成本

六成多的企業經營者認為，在商務活動中跟人打交道「需要提防」；三分之二以上的企業經營者在購買原物料和生產設備時，都要「經過調查再買」或「直接去生產廠家購買」。選擇「直接去交易市場購買」、「參加展銷訂貨會」、「朋友介紹」等購買方式的比重在百分之一至十二・七之間。

第二，誠信缺失使得更快捷、更現代化的新型交易手段和交易方式難以發展，從而制約了新經濟的成長。

第三，誠信缺失嚴重地影響了信貸業務。

目前在市場上已成家常便飯的拖欠貸款、合約糾紛等誠信缺失讓人不敢投資，影響了民間投資的啟動；更讓一些企業因此而遭受重大損失，並把有限的資源耗在一些本來不會帶來經濟收益的活動。

守信是最有遠見的「理性算計」

猶太商界非常重視外部市場環境的誠信原則。他們認為企業是市場經濟的一個有機組成部分，其發展除了需要加強自身的經營管理外，還需要一個供其表演的外部舞臺，那就是市場。一個好的市場環境和健全的市場體系不僅能夠為企業活動提供順暢的管道，還有利於企業之間公平合理的競爭。如果整個社會缺乏誠實和誠信，就不會擁有很好的市場環境，企業也就沒有一個能讓其充分發展的外部環境。

成功猶太商人還極為講究信譽，認為「信譽就是市場」。他們認為極高的商業信譽對成功人士事業發達所帶來的好處是顯而易見的，在他們眼裡，守信是最有遠見的「理性算計」。正如一位鑽石猶太商所言：「要經營鑽石，至少要制定百年大計，一代人是完成不了的。而且經營鑽石銷售業的人，是受人尊敬的人，鑽石生意的基礎是來自人們的信賴。」

曾經在以色列，有一家猶太人經營的光纜公司，一直都是全國小有名氣光纜生產廠家。因一次的疏忽，在一九九七年全國郵電行業統檢的產品品質公告中，發現在光纜全部三十九項考核中三十八項合格，只有內外護套之間的滲水試驗一項未能通過，被確定為不合格。如果是其他商家又會如何面對這樣的檢測結果呢？可是這個猶太總經理把這次事件當成企業生死存亡的大事來看待，向所有用戶致信通報實際情況，承認他們生產的光纜有不足之處，並把工夫下在整改措施的落實上，用真功夫解決問題，用事實說話。同年四月二十八日，經權威機構檢測，經過改善的光纜全部合格。這位猶太商人用磊落與誠實贏得了用戶的信任。他在總結大會上說：「在哪裡跌倒，就從哪裡爬起來。如果不是有這次磨難，也許本公司就不會發展到現在的局面，我們要品質和服務雙管齊下。」這只是猶太人在經商中注意誠信的一個小環節，但這也足以反映出猶太人對誠信經營的肯定態度。

在誠信這一點，我們都需要多向猶太人學習，相信對當今的生意人一定會有所裨益。守信遵約的商人越多，社會經濟就越會向有文化的方向發展。猶太人之所以會成為世界上經濟秩序的臺柱，就是緣於此。做任何事要成功都要持之以恆，同樣地，要獲得別人的信任也是如此，要把良好的誠信堅持下去。

7. 有誠信生意才能做長久

誠信是企業的靈魂。成功的猶太人認為，有了誠信，企業才能生存和發展；品牌是企業的形象和內涵，有了它，企業才能有市場和發展的後勁。誠信是品牌的基礎，因為誠信直接影響企業的信譽和生命力，良好的信譽是品牌的前提。品牌的支撐點就是可靠的品質和誠信文化。兩者良性互動。企業要創立名牌，要把事業做大，必須始終把誠信放在首位。

「產品等於人品，品質等於道德」，有了誠信，人就會對所做的事情奉行忠誠、誠實和正直的態度，事情就會一帆風順。

猶太商人認為誠信是企業從事生產經營活動的一個必備要素，是一種無形資產，是「資本價值中的核心成本」。一個成功的企業，賣給顧客的不僅是商品本身，往往還隱含著商品背後的文化。在現代文明社會的市場經濟中，失去信用會使自身、企業付出高昂的代價，失信會使企業倒閉，失信等於自棄。無數事實證明，以誠信為本來創辦企業、聚集財富，企業就會越辦越好，財源也就會越開拓越廣闊。相反，喪失誠信的企業必然是茫茫商海中的過眼雲煙，最終將是財源枯竭。

誠信是企業的立業之本

企業誠信是企業的立業之本。成功的猶太人認為構建企業誠信是一個複雜的系統工程，沒有員工個體的誠信，就不可能有企業整體的誠信。建設誠信企業，必須著眼建立長效管理機制，依靠制度規範誠信行為、打造誠信員工團隊。誠信教育是基礎，個人誠信是前提，企業誠信是中心，立法建制是關鍵，要建立企業本信的誠信體系，並勇於公開承諾。樹立誠信意識要從個人做起，只有自己做到了誠信，才有可能要求別人也這樣做。

人們都希望生活在一個誠信無欺的環境中，誠信環境的形成取決於每個人對誠信所持的態度。誠信建設既是每個人的事，也是全社會的事。這就需要廣大商人積極參與，從具體的事情做起。提高全社會的誠信水準，人人有責，個個受惠。如果你騙我一下，我騙你一下，騙來騙去，最後只會落個兩敗俱傷。要在全社會樹立「誠信光榮、失信可恥」的社會風氣和強有力的輿論氛圍。

歸根結底，企業的發展是由市場評判的。企業的利益是決定企業能否生存發展的關鍵。競爭的發展，使消費者有更多的選擇，也給企業更多的壓力。只有消費者擁有多項選擇時，良好的產品和服務才有意義。正是市場的發展，使消費者可以自由地選擇，企業感受到生存的壓力，產品和服務才變得優良起來。同樣，在競爭的壓力之下，企業會越來越重視信譽的建設。西方國家的企業家也是經歷了無數的企業成敗經驗之後，才意識到信譽的重要作用。

企業誠信的惡化帶來了許多消極影響。對於企業來講，當企業缺乏誠信時，生產經營便無法順利進行，交易費用增加，流動資金周轉受阻，便會使得信譽受損，發展受到制約。很多企業正是因為在資訊披露上的不誠實，而不得不自食其果，失去了廣大股民的信任，遭受了龐大的經濟損失。對於社會來講，企業失信使得國民經濟難以正常運行，運作效率降低，市場經濟難以向更高階段邁進。

成功的猶太商人認為：「誠信缺失會影響到整體經濟的發展。」誠信是企業最好的品牌，是企業生產發展的前提。誠信在猶太商人中被認為是高於一切的「帝王原則」，他們認為企業如果違背了這一原則，無異於給自己套上了手銬和腳鏈。如今企業之間的誠信交付方式已占社會經營活動的百分之八十以上。在經濟發達國家，均設立了全國甚至世界性的資信資料庫，任何一個企業有失信行為，都會記錄於資料庫，銀行便依據這個紀錄對失信企業停止發放信貸，而其他企業就會拒絕與失信企業進行經濟往來，失信企業只能坐以待斃。所以猶太人往往把誠信是為企業的生命，在經濟活動中嚴格遵守誠信規範。

市場經濟建構在法律和信譽的基礎上

誠信機制是市場經濟的基礎之一。市場經濟由兩個基礎機制：法律和信譽。

在這兩個基礎機制中，信譽比法律更重要。目前全社會的法律體系都已經趨於完善，但是信譽問題卻成了目前全市場經濟中存在的最大的問題。「與法律相比，信譽機制是一種成本更低的機制。特別是在許多情況下，法律是無能為力的，只有信譽能起作用。」在猶太商界認為信譽機制是對法律機制的有效保障，信譽機制比法律機制更重要。在市場經濟中，信譽的喪失可能會造成消費者喪失對產品市場的信任，從而導致市場萎縮。

這個道理在其他行業也是通用。所以在強調建立市場經濟運行的信譽機制的時候，企業的行為起了至關重要的作用。企業身為市場的交易主體，唯有誠信經營，才有可能建立起真正的市場經濟信譽機制。只有建立起了市場經濟的信譽機制，企業才可能做強、做大，永續經營。而企業也必須要有誠信經營才能適應市場經濟的要求，不被競爭激烈的市場淘汰。所以誠信經營是企業具有戰略意義的行為。

猶太人信守合約到令人吃驚的地步。在做生意時，猶太人分毫必爭，毫不相讓。但是合約一旦簽訂完畢，縱然是吃虧的條款也絕對遵守。猶太人認為，「契約」是與上帝的約定，而人與人之間的合約，和神所訂的契約相同，絕不可以毀約。毀約即褻瀆了上帝的神意。

有一位出口商人與猶太商人簽訂了一萬箱蘑菇罐頭合約，合約規定為：「每箱二十罐，每罐一百公克。」但出口商在出貨時，卻裝運了一萬箱一百五十克的蘑菇罐頭，貨物的重量雖然比合約協定多了百分之五十，但猶太商人拒絕收貨。出口商甚至同意超出合約的重量不收錢，而猶太商人仍不同意，並要求索賠。出口商無可奈何，賠了猶太商人全部損失，還要把貨物另做處理。

猶太商人看似不通情理，但事實卻不那麼簡單。首先因為猶太人極為注重合約精神，猶太人可以說是「契約之民」。猶太人做生意的精髓在於合約。他們一旦簽訂合約，無論發生任何困難，也絕不毀約。當然他們也要求簽約對方嚴格履行合約，不容許對合約不嚴謹和寬容。相反地，誰不履行合約，就會被認為違反了神的旨意，是不被允許的。

由此可見，合約是買賣極為重要的環節，違反合約規定，對買賣雙方會產生嚴重後果。在猶太生意經中，合約和公司也是商品，只要能獲利，連自己的公司也會賣掉。甚至連簽訂的合約，也同樣可以將之賣掉。在猶太人中有專門從事購買合約的人，這種人購買合約後，代替賣方履行合約，從中獲利。這種買合約獲利的商人叫為「中間人」或「代理商」。在猶太人圈子中，不論貿易大小都與「代理人」打交道。

所以，猶太人一旦與對方談判成功，達成一致意見的協定，不管是口頭協定還是文字協定，他們都認為這是與神簽訂的協議，並在執行期間無論發生任何困難，他們也不毀約，同時他們也要求簽約的對象也必須嚴格履行合約。

談判中簽訂合約，雙方都要目標明確，意思表達準確無誤，不允許有任何模棱兩可的規則混雜其中，此後雙方必須遵照合約規定，絕對不可以毀約。

猶太人在執行合約上嚴以律己，也嚴以律人，把別人和自己一樣看待。若對方不嚴格履行合約，猶太人必嚴加追究，毫不留情地要求賠償損失。

在商業往來或發展中，最重要的是彼此的安全感。要建立這種安全感，需要交往雙方都信守所訂合約，謹守規律。但他們卻常在不改變合約的前提下，巧妙地將合約變更為自己所適用。因為在猶太人看來，在商場上的關鍵問題不在於道德不道德，而在於合法不合法、守約不守約。

契約就是交易雙方在交易過程中，為了維護各自的利益而簽訂的在一定時期內必須履行的一種責任書，現在稱合約。只要不違法，就能得到法律的保護。

毀約行為，在猶太人看來是絕對不應該發生的。契約一經簽訂，無論發生什麼問題，都應該遵守。

猶太人的經商史，可以說是一部簽訂與履行契約的歷史。猶太人之所以成功的一個主要原因，就在於他們一旦簽訂了契約，就一定執行，即使有再大的困難和風險也會全力承擔。他們信任契約，因為他們深信：「我們的存在，得履行和神的簽約，絕不可毀。」

所以，他們在談判中就非常講究談判藝術，千方百計地討價還價。因為合約不簽訂是你的權利，但一旦簽訂，就要承擔下責任。契約是神聖的，絕不可更改。

自古以來，誠信就是人類社會活動的一個重要評價指標。現代市場經濟已經進入誠信時代，誠信已經成為企業的立足之本。誠信是一個企業的道德底線，誠信是隨著企業的建立而確定的，並且貫穿於企業經營管理的全過程，每一次的誠實對人，每一次的誠信體現，構成了企業的信譽積累。縱觀歷史，沒有一項事業能夠建立在無誠不信的基礎之上。只有堅持誠信，才能為企業帶來效益，創造長遠發展的條件，使企業的發展長久不衰。

透過以上的分析，可以看出猶太人在經商時把誠信經營放在一個非常重要的位置。他們很有遠見地在早就開始重視誠信經營原則，並從全方位進行誠信經營，值得我們借鏡。

8.以誠信經營來增強企業競爭力

在猶太人的經商寶典裡，提倡誠信是市場經濟的基本條件，而市場經濟就是誠信經濟。他們認為誠信經營是在市場經濟激烈的競爭中增強企業競爭力的一個重要的因素，而要建立誠信經營體制必須經過一套必經的步驟。

首先，要解決產權問題

成功的猶太商人的觀點是：如果企業的產權不清楚，就難以形成持續的誠信基礎。產權制度的基本功能，是提供了一個追求長期穩定利益和重覆博弈的規則。企業不講信譽的根本原因，就是因為企業的產權不清楚。如果一個企業的領導人，無法為自己的決策承擔後果，而且他無法確定自己能在這個位置上待多久，這時他們便只會追求眼前利益。許多企業不講誠信，是因為他們覺得自己的產權沒有得到可靠的保障。如果產權制度無法從根本解決，企業誠信問題將可能成為毀壞市場經濟一切成就的罪魁禍首。因為市場經濟有著對交易自由權和產權保護的強烈需求，為此就需要在全社會範圍內建立一個有關權利規範和保護的體系。

這是建立企業誠信原則的最基礎制度。這些制度包括對所有權、債權、期權、契約等的界定和規範，也包括各種權利轉讓和流通制度的規定，這些制度中對權利和權利行使收益的保護。猶太人的企業誠信制度之所以如此完善，原因之一就是他們注意到了產權問題。

其次，企業要建立誠信經營的自律機制

成功的猶太商人建立完善企業誠信體制，自有一套自律體制。那就是所有企業都做到了誠信，全社會企業誠信經營得以實現，而整個社會的企業誠信經營還能反過來服務個體的企業。

為此，猶太商人在建立誠信經營的自律機制時，是從以下幾步來著手的：

1. 認真制定誠信經營準則。透過制定明確的誠信經營準則，使企業界定本身的社會責任和社會使命，並讓員工發自內心地接受企業的誠信經營準則，把企業的誠信經營準則轉化為員工的自覺行動。

2. 猶太企業家非常注重自律規範。在猶太商界認為，組織誠信要與個體誠信協調統一，最重要的就是企業家們的自律規範。企業誠信經營準則由企業家團體制定，企業家團體應率先執行企業誠信經營準則。

3. 加強誠信經營教育。成功猶太商人非常注重在企業內部實施誠信經營教育，豐富員工的誠信經營知識，以提高他們誠信經營水準。

4. 建立誠信經營的獎懲機制。他們認為要想在企業中形成良好的誠信經營環境，企業就必須著力於建立賞罰分明的機制。例如，二〇〇一年，以色列一位猶太商人曾經面對不少煤炭企

企業在銷售煤炭時摻雜假貨、以次充好、缺斤短兩，藉此牟取暴利的現象。然而，這位猶太商人卻以誠信感召客商，謀求發展，全面加強煤炭品質管理，爭取為客戶提供優質煤炭；提高煤炭新產品開發能力，滿足客戶不同的需求；積極協調路礦關係，充分整合貨源，嚴格履行合約；加強同用戶聯繫，打通銷售各個環節的各項服務。如此誠信的經營態度，為企業樹立了良好的企業形象，最終這家猶太人經營的煤炭銷售公司創造了輝煌的業績。

5.企業誠信需要建立法律保障體系。誠信問題看起來是一個道德問題，實際上還是一個法律問題。也就是說要有一套切實可行的制度保障，讓不遵守誠信原則的企業付出龐大的代價，才具備約束力。不僅是個體的猶太成功商人講求誠信經營，他們其實也有相關的法律體系。在猶太商業立法上，充分體現保護債權人利益的原則，強化違約責任追究，不僅對逃避債務的單位要處罰，對惡意逃廢債務的企業的高級管理人員和直接責任人員中，如有構成違法的，也會依法追究法律責任。對於那些立法條件不成熟的，可結合實際制定一些過渡性法規條例，以彌補法律規定的不足，特別是要從司法和執行上落實法律責任，加強執行力度，維護法律的權威，使債權人合法權益切實受到保護，使違法違約、侵犯他人權益者受到法律的制裁。

真正辦企業，就要堂堂正正

成功的猶太人認為要真正辦企業，就要堂堂正正，不能投機取巧，更不能走歪門邪道。真正辦企業的理念，要成為融於全體員工及企業經營活動過程中的一種境界。

縱觀企業現狀，有些企業一成立就是蒸蒸日上、越做越大、越做越強，成為雄踞一方的龍頭企業。這些企業取得成功的共同特點，就是他們立業的理念建立在「真正辦企業」的誠信境界，並把這個理念融入整個企業的各個角落，成為規範員工思想、行為和方法的一面旗幟，並隨著時代的變化不斷融入新的內涵，從而在市場中贏得了成功。

辦企業的根本目的就是為了獲取利潤，企業發展的目標就是追求效益最大化，是無可厚非的。但賺錢的方法有別，俗話說：「君子愛財，取之有道。」靠優秀的產品品質，光明正大、堂堂正正發展事業，才經得起風吹浪打，在市場經濟的大潮中成長，壯大。

猶太人的經驗之談是：沒有「真正辦企業」的理性觀念的企業，必然會以失敗告終。

拋棄誠信，等同於拋棄企業的生命

猶太商人一向對產品的品質要求特別嚴格，他們認為產品的生命力就是企業的生命力。企業有無效益，效益大小，能否發展，與產品有著密切的聯繫。產品生命力夠不夠強，取決於產品是否符合市場需要，有多大的市場潛力；取決於產品品質的高低和知名度；取決於產品的科技含量及附加值；取決於產品的市場生命週期，產品與市場相適應的應變速度和更新速度。擁有最新科技、附加價值高、市場大的產品，就能使企業迅速發展壯大起來。

下面就是一個產品誠信直接影響企業形象和發展的好例子。

日本老牌汽車廠商三菱汽車公司隱瞞產品缺陷的醜聞曝光，企業信譽遭到了前所未有的嚴重損害。三菱汽車公司也為失去誠信付出了沉重的代價，目前面臨著公司創建以來最大的生存危機。

據日本警方調查結果以及三菱汽車公司事後被迫公布的資料，三菱汽車公司以及三菱扶桑汽車公司自一九九二年八月以來，先後共隱瞞了一百五十五起汽車零部件品質問題，其中四十二起為存在「重大事故隱患」、必須召回並免費更換零部件的嚴重品質問題。由於該公司沒有及時給予召回更換，結果導致在日本十七個都道府縣發生了三十一起交通事故，造成二人死亡，六人受傷。

三菱汽車公司隱瞞產品品質一事在日本國內引起極大的反彈，該公司領導階層被迫集體引咎辭職，公司主要領導人和相關人員也被追究刑事責任，包括前總裁在內先後已有十多人被捕。此外，政府部門和機關團體紛紛封殺三菱汽車公司。日本國土交通省率先對三菱汽車公司進行封殺，宣布在十八個月內取消該公司在政府採購活動中的投標資格。此後，東京都、京都府、名古屋市、靜岡縣、玉縣、愛知縣等三十八個地方政府以及員警和消防部門也做出了類似的決定。一些民間的公共汽車公司和汽車運輸公司，也相繼表示要在一定時間內停止購買三菱汽車。

由於政府和有關部門的封殺以及個人消費者的離去，三菱汽車公司的汽車銷量大減，這導致三菱汽車公司面臨嚴峻的生存危機。

三菱汽車公司的遭遇凸顯了企業誠信的重要性。此次事件雖然源於產品品質問題，但實際上對三菱汽車公司造成毀滅性打擊的是喪失誠信。該公司置國家法律、法規於不顧，忽視用戶的生命安全，有意向有關部門和消費者隱瞞必須回收的零部件品質問題，最終導致發生重大人身傷亡事故。如果公司不隱瞞產品品質問題，儘早採取妥當措施，這些傷亡事故是有可能避免的，公司經營也不會出現嚴重危機。

此類不講誠信、毀人害己的案例可謂教訓深刻，然而，在暴利的驅使下，一些企業仍然鋌而走險，忽視、踐踏誠信，銷售偽劣商品，發布虛假廣告、偷漏國家稅收等。由於合約欺詐造成的直接損失，還有產品品質低劣和制假售假造成的各種損失，這些行為都為世界經濟帶來了嚴重的損失。誠信缺失已成為制約經濟發展和金融安全的瓶頸。

猶太人的「船長精神」

現代市場上，人們擁有較大的選擇範圍。在這樣的環境下，企業要求生存、謀發展、占領市場，必須要有良好的產品吸引消費者，而贏得消費者的前提是靠誠信。企業的誠信與否，與企業決策者的誠信度有重要的關聯。

在猶太商業界非常推崇「船長精神」。據說在早期的航運業有個規矩，如果航船在海上遇難，船長必須與貨物共存亡，以證實自己的盡職盡責。這條看似不盡人情的規矩，實際上體現了對契約、承諾的無條件尊重。

商場如戰場，企業能否在激烈的市場競爭中搶占制高點，取決於決策者是否善於運籌帷幄。因此，猶太企業家把誠信視為自己的生命，他們認為講誠信是企業發展的黃金規則。誠實守信是市場經濟的要求，也是現代文明的標誌與基石。只有企業家樹立了誠信為本、操守為重的良好品德，才能將一個企業帶入一個講道德、守規則的發展軌道。以良好的誠信和信譽贏得消費者的同時，也就贏得了實實在在的經濟價值。

真誠取自誠信。在成功猶太人的意識裡，誠信是核心，是企業的第一生命。失去誠信，必然自取滅亡。特別是全球化經濟的時代，市場逐步實現規範化，過去經濟領域中的無序狀態逐步為有序狀態所代替，一個現代化、規範化的市場經濟正在形成，不遵守遊戲規則就是死路一條。

猶太人非常講究誠信，他們認為講誠信就是信守諾言，嚴格履行契約，實現承諾，包括文字的承諾、口頭的承諾以及廣告宣傳中對消費者的各種承諾，才能取信於消費者，取信於整個社會。

猶太人在經商中講求實事求是。他們堅持企業在經營活動中，無論是內部統計報告或是宣傳行銷活動，所有資料及分析都不能造假。在市場經濟高速發達的時代，廣告宣傳是不可少的，否則再好的商品也難以推銷出去。但宣傳的內容必須實事求是，廣告宣傳最本質的功能是向消費者傳遞產品相關資訊，是為消費者服務的。有些企業在廣告中自吹自擂，欺騙消費者。這種做法，雖然有可能在短期內把市場炒熱起來，但久而久之，大眾就知道真相了。猶太商人在做廣告這方面是非常實事求是的，他們認為虛假的廣告好景不長，當消費者了解或覺悟過來之後，弄虛作假者的末日也就為期不遠了。

猶太人的商業觀是：優質的服務既能塑造品牌，還可以提升企業形象的要求，且為誠信的一個重要層面。猶太人還認為，誠信是企業永恆的動力，是不可缺少的資源和不斷增值的無形資產。人無誠信不立，事無誠信不成，企業無誠信就無法長存於市場。

9.行銷要講究誠信

傑出的猶太商人認為，誠信行銷是企業成功行銷的關鍵。在過去的一百年，可說是管理科學當中重大突破的一百年。在這一百年間，人們開始承認管理的價值。市場行銷學的誕生，不僅是教會人們成長，更重要是讓生產者懂得什麼是「為客戶創造價值」。

第一，關於企業市場定位的辯證法

簡單地說，市場定位就是要確定一個企業應該進入哪些產業領域？生產什麼？為誰生產？以及在哪裡生產？可以說，明確的市場定位也是市場投資的一個起點。而明確的市場定位，就是對消費者感興趣的領域進行廣泛的研究調查。

一項合格的市場研究需要準確回答最重要的問題，一個就是市場方面的問題，還有一個有關行業問題。市場問題主要涉及客戶的需求以及客戶需求變化的問題，行業問題涉及的是供應以及供應變化問題。

供大於求是低水準的產品，隨著市場發展以及人們生活水準不斷提高，高品質、高品味、高附加值的產品仍然是供不應求。企業在市場定位決策上已經自有一套理念和方法。可以從另一個角度判斷市場是否飽和，要分析數量上的飽和，同時還要分析客戶的需求是否飽和，這就是一個企業關於市場定位的辯證思維方法。

第二，品牌是誠信和品質的標誌

在市場經濟的今天，當企業之間在技術工藝、服務、生產效率等方面的差距變得越來越小的情況下，品牌的影響力就變得越來越明顯。

猶太人擁有正確的品牌觀，他們認為企業要樹立正確的品牌觀。簡單地說，品牌是知名度的統稱，是產品品質的保證書，是產品個性化的表現，也是維繫客戶認可度和忠誠度的憑藉。所以說品牌是企業最寶貴的無形資產，也是企業取之不盡、用之不竭的價值。

善用行銷作為市場的法寶

猶太人恰當地運用品牌策略已經成為他們縱橫市場的法寶。成功猶太商人的企業都是依據品牌的影響力長存於市場的。

首先，他們認為顧客的感受是衡量品質的唯一標準

關於品質滿足需求程度的定義，要以顧客的感受來衡量，並同時維持了產品品質。如今各行業都建立了獨立的標準，在猶太人看來，國家和國際標準都是客戶的最低標準，企業在確立標準時，不僅要參考整個業界的國際標準，同時要充分考慮企業自身定位及整個業界的水準。

其次，猶太人非常注重過程管理

他們認為企業品質管制實際就是企業生產過程管理。在製造過程中，嚴格控制好標準化程序，是保證產品品質的關鍵因素。因此，在製造過程中的管理，不僅能反映品質體系運行狀況，還能了解產品品質是否能夠達到生產的要求。針對每一個過程、每一個環節，企業制定了嚴格的操作過程，並要求每個員工深入分析、提高技能、規範操作、明確標準，並逐步推廣應用統計技術，進行供需能力的分析，實現精細化管理。

猶太人認為，品質是品牌的生命。另外一點就是，他們認為技術創新是品牌提升的保證。因為他們知道好的品牌不僅品質優秀，還必須在同類產品當中具有明顯的優勢和特點。透過技術創新抓住消費者偏好的機會，並迅速建立起自身的優勢和特點是關鍵。

最後，猶太人認為品牌關鍵還掌握在運作企業的人手上

他們認為品牌的提升，最重要的是品牌觀念要不斷更新，也就是說在培育樹立提升品牌的過程中，企業領導者以及各級員工在工作的過程中，從思想、措施、制度、方法各個方面牢固樹立品牌的意識。在整個生產採購以及銷售服務等每一個環節都應該自覺站在客戶的角度上進

行考慮，從客戶角度努力改進和提供服務。

成功的猶太人經常以產品和服務品種為基礎，在生產經營當中始終貫穿「品質是第一」的口號，在市場當中保證「零缺陷管理」，在服務中做到「顧客零抱怨」，這是他們的一貫作風。

捌／

傑出猶太人把朋友當做財富

猶太人之所以能把生意做到全世界的每一個角落，與他們廣交善友有很大的關聯。

猶太人把朋友視為最大的財富，他們的成功與朋友有很大的關聯。

「在家靠父母，出外靠朋友」。

猶太人把「出外靠朋友」這一點發揮到極致。

1. 猶太人善於結交朋友

在猶太人中，流傳著這樣一個故事：

兩個朋友在沙漠中旅行，在旅途中的某處他們吵架了，一個人給了另外一個人一記耳光。被打的一言不發，在沙地上寫下：「今天我的好朋友打了我一巴掌。」

他們繼續往前走，直到到了田野，他們才決定停下。後來被打巴掌的那位差點淹死，幸好被朋友救起來了。被救起後，他拿了一把小劍在石頭上刻了：「今天我的好朋友救了我一命。」

朋友在一旁好奇地說：「為什麼我打了你以後，你要寫在沙子上，而現在要刻在石頭上呢？」

另一個笑了笑，回答說：「當被一個朋友傷害時，要寫在容易忘記的地方，讓風抹去它的痕跡；相反地，如果被幫助，我們要把它刻在心裡的深處，在那裡，任何風都不能抹滅它。」

朋友相處時的傷害往往是無心的，幫助卻是真心的。忘記那些無心的傷害，銘記那些對你的真心幫助，你會發現，在這世上，你有很多真心的朋友……

俗話說：「一個籬笆一個樁，一個好漢三個幫。」成功的猶太商人深知這一點。

猶太人九種交友之道

猶太人智者言，人生有三件寶：事業，愛情，朋友。一個人的財富，是由與他關係最親密的朋友決定的。猶太人把朋友當成一筆財富，因為這是無法用金錢來衡量，而且永遠都不會貶值的財富。一個人成不成功，並不是看他有多少家產，有多少財富，而是要看他有多少朋友。

以下是猶太人歸納的九種切實可行的交友之道。

1.放棄次要的關係

一位猶太社會學家說：「一個人的朋友關係中，有許多不會是終生的。有不少關係有時限，這很自然。例如，一個在家帶孩子的年輕母親認識了另一個處境相同的年輕母親，兩人因此發展了親密的友誼。但到了孩子長大上學後，她們的友誼共識便消失了，而這段友誼便可能逐漸轉淡或是結束，這並不奇怪。」

一位猶太的書畫刻印藝術家，四年前因工作變動從中西部遷居紐約。

她說：「剛開始我感到很孤寂，所以我投入交際圈，同每個待我友好的人發展友誼。但兩三年後，我發現自己已交際太廣，耗時太多，我的時間表已無片刻休閒，反而使最有前景的友誼失去發展時間。於是我適時而得體地隱退，終止了許多次要的交往，而同前景看好的交誼網加深友誼。現在我朋友比以前少，但卻一點不感到孤寂。」

2.樂於為朋友拋下自己的事

住在芝加哥一位猶太記者說：「在我人生的坎坷時期，總是有朋友陪伴和幫助我，我欠他們很多人情。最近一天晚上，本是我和丈夫的『約會之夜』——我們夫婦都工作繁忙，經常出差，所以我們會適當安排幾次難得的『約會之夜』。約會之夜時，我們會在家中穿著精緻的服裝、啜飲香檳、共進晚餐，重溫夫妻戀愛的感覺。但是這一天，我們剛坐下時，一位朋友打來電話，訴說她悲傷的愛情煩惱。儘管當時我很想陪伴丈夫，但此刻朋友顯然更急需要我的陪伴，所以我便拋下自己的事，在電話上與她聊了一個多小時。」

有時，我們會因為被某些要事羈絆，無法在朋友需要時幫忙分憂解難。遇到這種情況，你其實可以說：「我很想能幫你，我聽得出你很苦惱，明天我再給你打電話，好嗎？」讓朋友知道你確實關心她，會儘量及時幫助她。

3.利用郵件聯絡感情

每個人幾乎都有相距遙遠、經常思念的朋友。由於時空所限，書信便成了最好的友誼之橋，書信和卡片便於保存，可與你長伴，多年後仍可重溫其中的溫馨。

書信不僅適用於遠方的朋友。一個猶太的新婚夫妻吉米和基蒂分別是紐約市兩家廣告公司的經理，結婚後見面機會少了。當他們討論到這個問題時，基蒂表示喜歡書信。於是，吉米便經常忙中偷閒，給妻子寫些真情摯意的短信，傳達感情。

銀行職員萊斯莉喜歡給大學的學友寄些滑稽的卡片和新聞剪報。「我常寄一些能使我聯想到某個友人的東西。我丈夫是一個音樂愛好者，則喜歡給遠方朋友寄送他錄的光碟。這是一種很好的交流方式，朋友們都很喜歡。」她說。

4.不諱言負面情緒

一位猶太的歌唱家認為，朋友之間如果無法分享生氣、傷害、憂慮、悲傷、失望等負面情緒，友誼就會失去溫度。「真摯是實現真正友誼的一把鑰匙。」她說：「我一度隱瞞自己的負面情緒——不論是婚姻的、親子的、同事的、朋友的，我通通覺得難以啟口。但最近我迫使自己向一個朋友傾訴內心的煩惱，卻加深了彼此的友誼，令我頗感意外。」

「這是種很常見的問題——擔心吐露負面情緒會讓別人會輕視你。」一位猶太的社會學家說，「你可以幫助朋友克服這種困難，例如說：『你不知該怎麼辦——我知道你很煩惱，但我想讓你知道，我願意幫助你。』這樣你的朋友便知道她的感情得到了認可，便能拋開顧慮，吐露心聲。」

5.別對朋友的煩惱涉入太深

一對猶太的夫妻分居不久後，妻子蘭迪與史黛西結為朋友。史黛西急於讓友誼迅速深化，耗費大量時間聽蘭迪傾訴煩惱與憂慮。但就在蘭迪離婚前夕，一場車禍奪去她丈夫的生命。史黛西完全陷入了蘭迪的感情漩渦。「我覺得分擔她的全部悲傷，是表達友誼的最好辦法，但後來我卻發現，『接管』她的苦惱，沒有辦法消除她的痛苦。現在我明白，聽朋友訴苦時，自己應維持理智。這說來有點矛盾，但我們在保持一定距離後，關係反而變得更親密了。」她說。

猶太社會學家說：「承認和體會朋友的痛苦，與過分投入之間有很大區別，過分投入會使朋友感到更虛弱和苦惱，會覺得『我一定比我想像的更糟，瞧我信賴的人都痛苦成那樣了！』」

6.友誼也有陰晴圓缺

「一個猶太孩子埃倫在讀中學二年級時和凱里成了朋友。後來他們進入不同的大學，有時候長時間音信全無，但每逢假日相聚，友誼仍不減當年。隨著歲月流逝，友誼還更深了。他們已十五年不在一個城市，有時忙起來會一年半載沒有聯絡，但他們能夠理解，而且在相互需要時，都能傾全力幫助對方。」

「恆常的友誼與婚姻關係是相似的，」猶太的社會學家說，「友情既有熱情時期，也有平淡時期，就像是月亮有陰晴圓缺。」

7.珍視對方的忠誠

據《現代心理學》雜誌調查，忠誠被列為友誼中最可貴的特質之一。

三十六歲的醫院負責人詹娜是一個猶太人，她對忠誠做了廣義的解釋：「我朋友妮姬減肥頗有成效，但她不願讓大家知道以前她多胖，所以我從不當眾說她：『你比以前可苗條多了！』而是說：『妳的身材很好！』」有時忠誠就意味著幫對方擺脫尷尬和困境。

另一名猶太白領職員指出了另一層面的忠誠：「我的一名同事全力支持我做一個違反老闆意願的決定，這件事弄不好的話，他可能會被炒魷魚，但他卻敢於支持我，這對我來說，這就是忠誠和友誼。」

猶太社會學家說：「忠誠不是一件簡單的事。有些人認為忠誠就是不論何時何事，朋友都永遠站在你這一邊；但真正的忠誠是指接受和珍視對方，並非每時每事都必定偏護對方。」

8.正面看待朋友之間的妒忌

猶太人說：「妒忌是一種不滿之情，常存在於各種人際關係之中。當周遭的人或是朋友擁有你所沒有的，你便可能產生這種不滿之情。對付妒忌的最好辦法，是認識到你也擁有他人所沒有的，這樣妒忌便失去存在的理由。有時我們為某事妒忌，實際僅因為你本身擁有的尚未發掘出來。」

「我和凱倫中學時結為朋友，」婚姻美滿的猶太證券經紀人戴安娜說：「她覺得我比她漂亮，有時會妒忌我。但她在事業上比我強多了，我比不過她，心裡也不是滋味。有段時間妒忌使我們的友誼蒙上了陰影。一天晚上，我們推心置腹地深入長談，當得知我們都曾有妒忌對方的時刻時，我們感覺輕鬆多了。現在，當有誰又犯妒忌時，便會笑著自嘲：『我又開始妒忌妳了！』雙方會會心一笑，氣氛隨之變得十分友好。」

9.為友誼騰出時間

時間是珍貴的，我們總是嫌時間不夠用，其實只要靈活安排，總是能夠為交友騰出時間。猶太人曾說：「短暫時光也比完全沒有好，而且安排巧妙，還可一箭雙雕。」例如，若是和朋友都有修指甲的習慣，可以把時間訂在同一天。琳恩和朋友就經常形影相隨去散步。馬蘭和伊芙則每逢週末結伴去逛超市。特利和萊拉雖然遙距兩千英哩，每月也會聊上幾小時電話。聊天尚嫌不夠，她們甚至遙想三十的時代，那時人們可不像如今這樣喜愛遷移。如果沒有搬家，她們會住在附近，有足夠的時間常常聊天相聚。萊拉說：「我已無法想像特利還有什麼時期比現在更愛我了。我們很少有機會相聚，但每次相聚，都令人分外珍惜。」

猶太的社會學家說：「在過去的十年裡，人們已更習慣於對朋友說：『我想念你；我愛你。』在電話結尾、書信之末，賀卡之內和臨別之際道聲思念與珍愛，可以讓友誼伴你終生。」

猶太人善於結交朋友的一個重要原因是，他們明白真正的朋友比現實的財富更值錢。

朋友比金錢更有價值

一個猶太富翁，他有十個兒子，兒子們都清楚父親最寵愛的是小兒子法蘭克。

富翁父親到了暮年後，有一次重病時，把十個兒子召集到面前。一聽說父親要分配遺產，九個哥哥都緊張極了，生怕父親偏愛了他們的弟弟法蘭克。

父親對九個兒子說：「我要分給你們每人一百萬美元！」

「就一百萬美元？那法蘭克……」九兄弟疑惑地看看父親，又不滿地盯著旁邊的弟弟法蘭克。他們覺得疑惑，法蘭克會和我們不一樣？

父親不理會九個兒子們的問話，緊接著對最小的兒子法蘭克說：「現在我只剩下五十萬美元了，還必須從中拿出三十萬美元作為我的喪葬費，我只能給你二十萬美元。不過我有十個好朋友，我準備把他們介紹給你，和他們成為朋友，會比得到金錢好得多。」

法蘭克和九個哥哥聽完之後都非常吃驚。當確信父親的話無誤時，九個哥哥心中都一陣暗喜，齊聲說：「就這麼辦吧！」因為他們根本不相信父親說的「朋友比金錢好得多」這句話；小兒子法蘭克也沮喪極了，只是懾於父親的威嚴和哥哥們的贊同，他不能表示異議。

富翁父親就這樣將自己的財產順利地分給了十個兒子。

幾天後，父親把他的十個朋友一一介紹給了小兒子法蘭克，他們都是父親生意場中往來多年的老朋友。不久，富翁父親死了。

父親死後，小兒子法蘭克想到父親分配遺產的不公，便心懷怨氣，覺得父親將他遺棄了，便開始自暴自棄，把分得的二十萬美元隨意揮霍，當花得只剩下一千美元時，法蘭克開始慌了。萬般無奈之下，法蘭克只好抱著孤注一擲的心態，決定用那一千美元請父親的十個朋友來聚一次，看能不能得到一點資助。

當那十個朋友在法蘭克那裡飽餐一頓，又聽了法蘭克的處境之後，異口同聲地說：「這一家兄弟中，法蘭克是唯一還記得我們的人，讓我們對法蘭克仁慈一些，報答他的好意吧！」

父親的十個朋友並沒有直接給法蘭克金錢，而是每人給了法蘭克一頭懷孕的牛。他們告訴法蘭克，可以如何從這十頭母牛起家：母牛產下小牛，再變賣小牛，用賣小牛的錢做生意。

法蘭克遵從父親十個朋友的教導，用賣小牛的錢與那十個朋友做起了生意。在生意上，那十個朋友給法蘭克提供了許多方便，還將寶貴的商場經驗傳授給法蘭克。法蘭克的生意越做越大，財富便像雪球一樣迅速累積起來。

法蘭克的哥哥們從父親那裡分得了一百萬美元後，雖也各自做起了生意，但因失去了父親生前生意上常往來的那些老朋友，全靠自己開闢新的交易夥伴，加上經驗不足，生意一直不怎麼順利，財富增加得相當緩慢。

不出幾年，法蘭克的財富就遠遠超過了他的哥哥們，後來法蘭克比他父親當年還富有。

這時，法蘭克的哥哥們才明白父親為何要那樣分配遺產，他們也真正懂得父親當年那句話的含義：朋友比金錢好得多。

2.友情需要給予與付出

這是發生在猶太人的一個孤兒院裡的故事。

在烽火連天的戰亂狀況下，一顆炸彈被扔進了這家孤兒院，使得幾個孩子和一位工作人員被炸死了。還有幾個孩子受了傷。其中有一個小女孩失血過多，情況危急。

過了不久，一個外國援助醫療小組來到了這裡。這個小組只有兩個人，一位女醫生，一位女護士。

女醫生很快地進行了急救，但在處理小女孩時碰到一些困難。這個小女孩失血過多，需要輸血，但是她們帶來的醫療設備中，沒有可供使用的血漿。

於是，醫生決定就地取材，她為在場的每個人驗了血，終於發現有幾個孩子的血型和這個小女孩是一樣的。但是，問題又出現了，因為醫生和護士都不懂這裡的語言，在場的工作人員和孩子們只聽得懂母語。

於是，女醫生只好比手畫腳，告訴那幾個孩子：「你們的朋友傷得很重，她需要輸血，需要你們輸血給她！」終於，孩子們點了點頭，好像聽懂了，但眼裡藏著一絲恐懼。

孩子們沒有人吭聲，沒有人舉手表示願意獻血。女醫生沒有料到會是這樣的結局，她愣住了，為什麼他們不肯捐血來救自己的朋友呢？難道剛才對他們說的話，他們沒有聽懂嗎？

忽然，一隻小手慢慢地舉了起來，但是剛剛舉到一半卻又放下了。好一會兒又舉了起來，再也沒有放下了！

醫生很高興，馬上把那個小男孩帶到臨時的手術室，讓他躺在床上。小男孩僵直著躺在床上，看著針管慢慢地插入自己細小的胳膊，看著自己的血液一點點地被抽走！眼淚不知不覺地順著臉頰流了下來。醫生緊張地問是不是弄疼了他，他搖了搖頭，但是眼淚還是沒有止住。醫生開始有一點慌了，因為她總覺得肯定有什麼地方弄錯了，但是到底在哪裡呢？針管是不可能弄傷這個孩子的呀！

在這關鍵時刻，一個當地的護士趕到這家孤兒院。女醫生把情況告訴了地方護士。地方的護士連忙低下身子，和床上的孩子交談起來。不久後，孩子竟然破涕為笑。

原來，那些孩子都誤解了女醫生的話，以為她要抽光一個人的血去救那個小女孩。一想到不久以後就要死了，所以小男孩才哭出來！醫生終於明白為什麼剛才沒有人自願出來獻血了！但是她又有一件事不明白了：「既然以為抽過血之後就要死了，為什麼他還自願出來獻血呢？」醫生問那個當地的護士。

於是護士用母語問了小男孩。這個小男孩不假思索地回答。他的答案只有幾個字，卻感動了在場所有的人。

他說：「因為她是我最好的朋友！」

一個猶太年輕人布萊斯辭掉工作後，一時之間還沒找到新工作，閒著無事，打算回家鄉暫居一段時間，但又怕耽誤了找工作的機會。因此在臨行前，便請十幾個好朋友大吃了一餐。看看大家吃得差不多了，布萊斯便趁機請朋友們幫忙留意一下工作機會。

一個朋友說道：「沒問題，我們幾個會幫你四處問問，替你找一份輕鬆的工作。」朋友們神情激昂，信誓旦旦地保證著。

布萊斯看到朋友們如此熱情，含著淚說：「謝謝！謝謝！等我找到工作後，再請大家吃飯。」

這時，一直在喝著悶酒的奧斯拉站了起來，向他勸酒。建議他回縣城開一個店，賺些錢解決溫飽，靜心發揮特長，比找那些工作強多了。此話一出，熱鬧的場面突然安靜下來了，大夥全盯著這個說話的人。

布萊斯不高興了，他心想：「奧斯拉真不夠朋友。」於是只將聯繫電話給了其他幾個朋友，便黯然離開了。

布萊斯回到家鄉，整天待在家裡無所事事，人也沒了精神。妻子勸他在家看看書，寫點東西什麼的，別讓憋著自己。但是他總是惦記城裡的工作，惦記著朋友們幫他問的工作。他總是寫一會東西，就看一下電話。有事外出時，往往一回來就慌忙翻看電話的來電顯示，然而他依然半點音信也沒等到。布萊斯覺得日子好難熬。

半年後的一天晚上，他看完了電視，進房間裡看書，煩躁地東翻翻、西翻翻。這時，有客人來了。一開門，原來是奧斯拉。布萊斯連忙給奧斯拉溫了酒，責怪他不預先打個電話，好去接他。

奧斯拉說：「你又不給我留個電話，害得我急急忙忙地跑來。報社招募記者，報名截止到明天中午，我是專程來通知你的。」

後來布萊斯應聘當上了記者，在酒吧請朋友們喝慶祝酒。

喝著喝著，其中一個朋友大聲說：「晚報招聘廣告一登出來，我就打電話過去了，是你夫人接的。我知道布萊斯準成，嘿……來，喝酒。」

布萊斯心裡掠過一絲不快。

接下來，另一個朋友說廣告公司招人，打了好幾次電話，卻找不到他。

另一個說通信公司招業務主管，還幫他報了名，打了幾次電話，也聯繫不上他。

這些朋友，一個說得比一個動聽，布萊斯聽了，臉越來越沉。

這時奧斯拉站了起來，舉起酒杯說：「大家都為布萊斯的新工作操心，都出了不少力。現在大家不說這些，大家都來喝酒吧，乾杯！」

「對，乾杯！」聲音嘈雜而高亢。

布萊斯暗地裡用力握了奧斯拉的手說：「好朋友，乾杯！」淚水在他的眼裡直打轉，他嘴巴動了動，好似想說些什麼。但他望望喝得滿臉通紅的眾朋友，什麼也沒說。

尊重、信任、互助

猶太的社會學家說：「人的一生中，總要經歷友情。當你離開父母和親人的懷抱，離開親情的呵護時，你不會感到孤獨和寂寞，因為你將獲得另一種情感的滋潤，這種情感就是友情。在我的價值觀裡，友情的地位是僅次於親情的。當你在茫茫人海中結識某人，並與他建立起真摯的友誼的時候，你會感到無比喜悅。從此，你的生活中將會因擁有友誼而變得精彩。」

友誼是如此寶貴，想要得到它，是不可能不勞而獲的，猶太人從小就知道如何為贏得友情而付出。

人與人交往的過程，實際上就是一個互相給予的過程。首先，友誼需要給予尊重，兩人之間能夠建立起心靈的橋樑，尊重是一個不可或缺的前提。所結識的朋友也許來自不同的家庭，來自不同的地區，甚至來自不同的國度，在這種迥然不同的文化背景下交流，首先就必須尊重別人，尊重別人的人格，尊重別人的文化，尊重別人的信仰等等，唯有做到多方面尊重，與別人的交往才能有一個堅實的基礎。

其次，友誼還需要給予信任，朋友是傾訴的對象，是尋求說明、尋求安慰的人。如果朋友之間缺乏信任，又何從談起『傾訴』呢？是的，只有真正信任朋友時，你才會將心裡的一切告訴朋友。友誼需要真摯的交流，而信任則是你交流的平臺。

最後，友誼還需要給予說明。當你看到別人有困難時，伸出你的手，對別人加以幫助，哪怕是微不足道的微薄之力，也許就能獲得別人的友誼。這裡的幫助還可以是廣義的，它可以是幫助朋友走出困境，可以是幫助朋友擺脫痛苦，可以是幫助朋友……無論是物質上還是精神上，都應該給予幫助，這樣的友誼才會堅不可摧。如果與朋友相處的時候，只顧自己利益，捨不得為朋友多出一份力，那麼，這樣的友誼是難以維持的。

其實在生活中，友誼需要給予的東西還有很多，需要讓大家自己去體驗、去實踐。但是有一點，只要學會給予，你將會擁有更多的朋友，更多的友誼。

3. 善交友者與人善言

語言是人類交流的工具，人與人之間的交往和溝通都離不開語言。自從人類創造了語言，人類便不再孤獨，不再寂寞。用語言，人們可以傳播知識，交流思想，將喜怒哀樂等複雜的情緒情感傳遞出來。在當今資訊爆炸的時代，開放自由的時代，更要求人與人之間的聯繫加強，這頻繁的交往又離不開語言，語言愈加顯示出它的重要作用。

或許，有人會說，說話有什麼，只要不是啞巴和孩子，誰不會說話呀？這話不假，的確人人都會說話。但我們無法把話隨時都說得十分恰當，都能說到精髓上。越是熟悉的東西，越是容易被人們忽視，或許也正是因為每個人天天都在說話，所以才會對說話的學問不屑一顧。其實，說話大有文章可做。

見什麼人、說什麼話

人們常說：「良言一句三冬暖，惡語傷人六月寒。」也是說明言語的作用，話說得恰如其分則會使人心真神清，如雪中送炭般直暖心底；話說得不當則令人心寒情傷，如厚冰覆火涼徹心骨。這就提醒我們說話時要注意。也許有人會說，與一般人說話自然是要注意，但對於朋友，則大可不必那般在意，可以想說什麼就說什麼，不用刻意追求什麼。猶太人卻有另一種看法：「朋友與普通人無異，朋友首先應該是人，然後才是成為你的朋友。既然這樣，如果承認對一般人說話時要留意細節，為什麼不承認對朋友也應該注意自己的措辭呢？」

猶太人認為，由於環境和所受的教育程度不同，每個人說話的方式也不盡相同。交友時說話應當注意察顏觀色，對不同的人採取不同的方式，並留意變換談話的內容，要符合對方的興趣。但有些人反對「見什麼人，說什麼話」的做法，認為是心口不一、華而不實的表現。其實這個道理很簡單，如果說話不看對象，對待什麼人都用同一種方式或是說同一種話，將勢必使接受差異懸殊的人無法接受。有的人性格開朗、豪爽，對這種人直言不諱或許他不會在意；如果說話猶豫不決，閃爍其詞，反倒會引起他的反感，懷疑你為人不誠懇。而若是對方性格內向，較為敏感，你說話卻直戳痛處，恐怕又會刺傷他的自尊心。這樣的人，則適宜採用含蓄曲折的表達方式，點到為止，留給他自己去領會更佳。

因此，說話是一門學問，交朋友更應注意。不可盲目以為對待朋友時只要心意誠懇，說什麼話無所謂。其實，「言為心聲」，我們往往在不經意的一句話讓朋友產生誤會。另外，言語既然是一種交流的工具，便有它的優點和缺點，正如一池水可以養活魚蝦，也可以淹死活人一樣。由於語言具有模糊性和意義不確定的特徵，有時候很容易引起誤會，「好話也怕重三重」正是這個道理。一句話可以這麼理解也可以那麼理解，如果我們說話不注意，很可能會被別人誤解，有時我們自以為把話說得很好，可是別人卻沒有按照本意去理解而產生誤會，便導致友情出現裂痕。

適當地讚美朋友的長處

語言是人際交流的最重要也最有利的工具。把話說得得體，不僅是修養水準高的表現，也是展現儀表風度必不可少的因素。沒有人會承認一個穿著光鮮卻言語粗俗的人是有風度的；相反的，即使一個人並非西裝革履，但若談吐不俗，也能夠令人刮目相看。

常言道：「打人不打臉，罵人不揭短。」如果想讓對方接受你的觀點或想法，就必須先讓對方能夠靜心傾聽你的想法。如果對方連聽都沒有聽進去，又何談接受不接受呢？而要對方傾聽，則不可使對方產生反感。猶太人認為，談話時採取先揚後抑的辦法往往較容易收到理想的效果。說話時要真誠地讚美對方的優點長處，使對方心情愉悅，便能拉近雙方的距離，消除隔閡。然後再一步步地將自己的想法和盤托出，這樣便能巧妙引領對方聽清楚你要說的話，而不至於沒聽幾句便火冒三丈，不歡而散。

我們應適當讚美別人的優點和長處。這種讚美必須是誠心的，而不是為了阿諛奉迎而故意誇大的虛假讚美。交友時，說話如果能妥善地留意到這個重點，將對朋友間的和諧大有裨益。

猶太社會學家說：「或許，大家都以為恭維別人乃是小人所為，大丈夫光明磊落，行正身直。事實上，大家應該清楚一個道理，那就是槍炮或毒藥可以殺死無辜的百姓，是因為它們被壞人利用了，而不是它們本身不好。正如鴉片會使人喪命，是因為販毒者利用了它；在醫院裡，鴉片是成為很好的麻醉劑和鎮定劑，可以用它來解除病人的痛苦。明白了這個道理，人們就應該承認，恭維作為一種說話的方式，我們有權使用，如果我們用得恰當，便會收到意想不到的效果。」

只說三分話，七分話放心中

猶太人還告誡大家，說話時要注意掌握好分寸，當說必說，不能亂說多說。逢人只說三分話，另外的七分話大可不必說出來。一般人以為，「做人光明磊落，尤其是對待朋友，更應是無話不談，直言不諱，應當言無不盡，怎能只說三分話？說三分話便是老奸巨猾，為人不實。」其實，這種看法並不完全正確，說話應注意區分對象，有些人是不可以盡言的。

另外猶太人認為，無論說話的對象是誰，如果一味地暢所欲言，將自己像解剖一樣，徹底暴露給對方，對方便會因為對你過於了解，而使你失去神祕感，失去與你交往的興趣。而且，如果你有話就說，對方難免會產生戒心，因為他也會擔心你把他告訴你的事說給別人聽，如果這樣，你的朋友就不會再成為朋友。朋友相互的交流將流於形式。

說話的藝術不僅僅是說，還涉及另一個層面，那就是聽。有說則須有聽，會說還要善於聆聽。如果能夠認真聆聽別人的傾訴，你會更容易交到朋友。

大凡遇到愁悶之事，心中抑鬱，總想找個朋友傾訴出來。這便是「聽」的問題，要善於聆聽朋友的傾訴。這裡的聆聽是要態度認真誠摯，讓對方真正感受到你專心聽他傾訴。

如果你能安靜、理智而富於同情地傾聽朋友的話語，他便會覺得你的確很注重他的事，很為他的事掛心，從而無形增強了友誼。所以，聽的關鍵在於專心，有時你不一定聽完就為之出主意、提建議，有時只是陪伴也會使你的朋友更願意與你接近。

讚美朋友的技巧

猶太社會學家總結道：「讚美朋友，有助於發揚被讚美者的美德，讓友誼關係得以昇華，還有助於消除朋友間的鴻溝。讚美是一件好事，但絕不是一件易事。讚美如果不審時度勢，不掌握一定的讚美技巧，即使你是真誠的，也會把好事便成壞事。讚美朋友的宗旨是尊重朋友，鼓勵對方以及創造友好的交往氣氛，所以應該真心實意、誠懇坦白、措辭適當。如果是因為有求於人而讚美，會令朋友感覺動機不良，所以當你在沒有特別目的時表示讚美，才真誠可信。

對別人的讚美也不必過於頻繁，過於頻繁就失去了鼓勵的意義，而且顯得油頭滑腦，反遭輕視。」

以下為讚美朋友的五個技巧。

1.因人而異

每個人的特質各有不同，年齡有大有小。因人而異，有針對性的讚美比一般化的讚美能收到更好的效果。

比如老年人總希望別人記得他想當年的雄風。所以和他們交談的時候，可以多稱讚他引以自豪的過去；對年輕人不妨語氣稍為誇張地讚揚他的創造才能和開拓精神，並舉幾個例子證明他的確前途無量；對於經商的人，可以稱讚他頭腦靈活，生財有道；對於知識份子，可稱讚他知識淵博、寧靜淡泊……當然這一切要依據事實，不要言過其實，讓人覺得不切實際，反而產生反感。

2.詳實具體

人們有顯著成就的時機通常並不多見。所以，在人際交往中應從具體的事件善於發現別人哪怕是微小的長處，並不失時機地予以讚美。讚美用語越具體，越說明你對他的了解，對他的長處越看重。讓對方感到你的真摯、親切和可信，你們之間的人際距離就會越來越近。如果你只是含糊其辭地讚美對方，說一些「你表現得非常出色」或者「你是一位卓越的主管」等空泛的話語，可能會讓對方認為你是個奉迎拍馬、別有用心的人，甚至產生不必要的信任危機。

3.情真意切

雖然人們都喜歡聽讚美的話，但並非任何讚美都能使對方高興。能引起對方好感的只能是那些基於事實、發自內心的讚美。相反的，如果沒有根據、虛情假意地讚美別人，不僅會讓人感到莫名其妙，更會覺得你油嘴滑舌、詭詐虛偽。例如，當你見到一位其貌不揚的先生，卻偏要對說：「你真是太帥了。」對方就會認為你說的是違心話。但如果你從他的服飾、談吐、舉止等方面的出眾之處真誠讚美，他自然會高興接受，並馬上對你產生好感。

4.合乎時宜

讚美的效果在於見機行事、適可而止。例如當朋友計畫做一件有意義的事時，你一開始就表示讚揚，能激勵他下決心做出成績，事情進行到一半的讚揚有益於對方持之以恆，結尾的讚揚則可以肯定成績，提醒他未來的努力方向，達到美好的效果。

5.雪中送炭

人們常說：「患難見真情。」最需要讚美的不是那些早已功成名就的人，而是那些才華被埋沒而產生自卑感或身處逆境的朋友。他們平時很難聽到一句讚美的話語，一旦被你當眾真誠讚美，便有可能振作精神，大展宏圖。所以，最有實效的讚美是「雪中送炭」，而不是「錦上添花」。

得理饒人、留一點餘地給別人

在猶太民族曾經流傳這樣一個故事：

一頭大象，在森林裡漫步，無意中，踏壞了老鼠的家。大象很慚愧地向老鼠道歉，可是老鼠對此耿耿於懷，不肯原諒大象。

一天，老鼠看見大象躺在地上睡覺，心想：機會來了，我要報復大象。至少，這個龐然大物，我可以咬牠一口。

但是，大象的皮膚很厚，老鼠根本咬不動。這時，老鼠圍著大象轉了幾圈，發現大象的鼻子是個進攻點。

老鼠鑽進大象的鼻子裡，狠勁地咬了一口大象的鼻腔黏膜。

大象感覺鼻子裡一陣刺激，猛烈地打了一個噴嚏，將老鼠射出好遠，老鼠被摔個半死。

老鼠忍著渾身傷痛，對前來探望的同類說：「要記住我的慘痛教訓，得饒人處且饒人！」

這個故事雖然簡單，但寓意卻很深刻，待人處世固然須得理，但絕對不可以不饒人。留一點餘給得罪你的人，不但不會吃虧，反而還會有意想不到的驚喜與感動。也許這就是這個故事在猶太民族流傳這麼久的原因。

曾經有位留美歸國的碩士應聘到一家貿易公司上班，他不但學歷高，而且口才極佳，業務能力也強，工作表現非常出色。可是每當他聽到其他同事提出不成熟的企劃案，或是得罪到他時，他總會毫不客氣地破口大罵。在他的觀念裡，這樣並無不妥！因為這一切都是師出有名，如果不是別人有誤在先，也輪不到他開炮。

然而，他的態度卻讓他在同事間成了孤鳥，過沒多久後，他選擇離開了公司。當然，不是因為能力欠佳，而是因為人際壓力。一直到他離職前，他仍不斷問自己：「難道我的觀點錯了嗎？難道我發的脾氣都沒有道理嗎？」

猶太人在這方面就很留意，因為他們知道「理直氣和」遠比「理直氣壯」更有說服力，更能改變他人。對此，他們有一句名言是這麼說的：「人不講理是一個缺點，人硬講道理則是一個盲點。」

猶太人覺得，做了對不起人的事，心裡有愧疚，能向人家賠禮道歉，人家氣不過，說你幾句，乖乖聽著就是了，這是理所當然的。反過來，有人做了對不起你的事，人家賠禮道歉了，只要無大礙，就不要得理不饒人，甚至故意報復人家。真要是那樣，反而沒了理。

待人寬厚是一種美德。事情本來不大，就要得饒人處且饒人，而且得理也要讓三分。越是你有理，越表現得謙和，往往越能顯示一個人的胸襟坦蕩、修養深厚。這也是猶太人成功的重要原因。

4.朋友間也要注意禮節

許多青年人交友處世常常涉入這樣一個誤區：好朋友之間無須講究禮儀。他們認為，好朋友彼此熟悉了解，親密信賴，如兄如弟，財物不分，有福共用，如果還要講究禮儀，就太拘束也太見外了。其實，他們沒有意識到，朋友關係的存續是以相互尊重為前提，容不得半點強求、干涉和控制。彼此之間，情趣相投、脾氣對味則合、則交；反之，則離、則絕。朋友之間再熟悉，再親密，也不能隨便過了頭，不講禮儀。否則，默契和平衡關係被打破之後，友好關係將不復存在。和諧深沉的交往，需要充沛的感情為樞紐，這種感情不是矯揉造作的，而是真誠的自然流露。當然，好朋友之間所講究的禮儀，並不是僵守不必要的繁瑣客套和熱情，而是強調好友之間相互尊重，不能跨越對方的禁區。

每個人都希望擁有自己的一片小天地，朋友之間過於隨便，就容易侵入這片禁區，從而引起隔閡衝突。例如，不問對方的意願，任意占用對方另有安排的寶貴時間，一坐下來就沒完沒了，全然沒意識到對方的難處與不便；一意追問對方深藏心底的祕密，一味探聽對方祕而不宣的私事；忘記了「人親財不親」的古訓，忽視朋友是感情一體而不是經濟一體的事實，花錢不記你我，用物不分彼此。凡此等等，都是不尊重朋友，侵犯且干涉他人的不良行為。偶然疏忽，可以理解。長此以往，必生嫌隙，導致朋友疏遠或厭惡，友誼的淡化和惡化是可想而知的。因此，好朋友之間應講究禮儀，恪守交友之道。

十一條朋友之間應遵守的禮節

猶太人認為，朋友之間也要有禮數，適當的禮節可以讓友誼長存。猶太的青年人就非常注意這一點，他們曾歸納出十一項朋友之間必須遵守的禮節。

1. 別以為朋友就是「你的東西就是我的，我的東西也是你的」的人。朋友之間的東西絕對要分清楚，不然到最後東西壞了，想要讓對方賠，又覺得不好意思，只好自認倒楣，卻因此在心中形成一種排斥感。

2. 別以為朋友就是「不論到哪兒，都會幫你開車或是請客」的人。偶爾一次兩次或許受得了，時間一久，換成誰都受不了。所以出門玩之前，最好先講好，油錢大家分攤，花費大家先交錢，結束之後大家再一起清點分攤費用。這樣不僅大家玩得快樂，也可以增進朋友間的感情。

3. 別以為朋友就是「熟到連他們的廚房、房間，你都可以自由出入」的人。越是要好的朋友，越是要彼此尊重，因為畢竟不是自己的家。你憑什麼自由進出別人的地盤？那種行為只會讓人覺得你不尊重對方。如果有的話，從現在起盡可能避免。別以為這樣做沒什麼，對方可能早在心裡把你罵到爛透了。

4.別以為好朋友就是「就算到對方家，也可以不用去在乎那些禮節」的人。越是交情好的朋友，禮節越是不能少，今天去拜訪他家，絕對不可空著手到。一定要帶點禮物，哪怕是一袋水果也可以。

5.別以為朋友就是「可以好到連上個廁所都要形影不離」的人。偶爾給對方一點空間，讓彼此去看看身邊的人和物，彼此的視野會更開闊。就好比你跟他每天生活在一起，給自己及對方更大的空間，會讓雙方的友情成長速度更快。

6.別以為朋友就是「可以互相模仿喜歡的東西」的人。每個人的審美觀不同，模仿久了，只會讓對方倒盡胃口。你的朋友會欣賞你去喜歡自己偏好的東西，不會要求你一起去模仿他喜歡的東西。因為你跟他是不同的個體，他才會覺得新鮮，和你成為朋友。如果你喜歡的跟他喜歡的都一樣，那乾脆自己跟自己當朋友就好了，幹嘛還找一個人來配合呢？所以，要學會懂得去欣賞對方的喜好，而不是學習對方的喜好。

7.別以為朋友就是「有難可以離家出走逃到他家的人」。或許他可以幫你一陣子，但是他也必須負起你在他身旁的責任。時間久了，換成任何一個人都會覺得，幹嘛交個朋友來自找麻煩，也會在心中產生一種厭惡感。所以，越是好的朋友你越要學會去體會他的心情及他的難處。自己的難處自己擔，千萬不要長久麻煩別人，人家說「久病無孝子」，其實也可以改成「久煩無知己」。

8.別以為「常常膩在一起，才是好朋友」。要好的朋友，在一起固然會讓你忘記煩惱，但是別忘了，還是要常常充實自己。讓自己給對方的感覺永遠是充滿新鮮感的，否則就像叫你天天都吃一樣的菜，你不會吃到想吐嗎？充實自己，是吸引朋友與你交往的最大主因。

9.別以為朋友就是「天天都可以聊很久很久，不見面就覺得難受」的人。真正的朋友是會在你特別的節日或生日時都會打通電話問候你的人。不會因為不常聯絡就忘記你的存在。朋友是不會因為時間的距離而有所改變的。

10.別以為朋友就是「什麼是都可以全權託付他」的人。如果你常給朋友這種期許，希望朋友幫你決定事情，那只會讓對方有成就感一陣子，久了他就受不了。因為他在替你下決定時，他要替你承擔後果。那種壓力，其實比自己替自己下決定來得更大。好朋友可以在你下完決定後，或是在下決定時，從旁給你建議，而不是去幫你決定你該怎麼做。

11.別以為朋友就是「遇到缺錢時會自動幫助你」的人。人家親兄弟都要明算帳。何況你是個外人，所以更要好好算清楚。要知道，對方是因為相信你才會借你錢，難道你要破壞自己的信用嗎？在現實中，其實講到錢就會傷感情，這是不可否認的。所以，越是要好的朋友，錢財越不要弄得不清不楚，這是最大的禁忌。

猶太人認為，朋友可以維持一輩子，也可以因為一點小事摩擦而成了仇人。從小地方做起，越是看起來不重要的小細節，越是會影響朋友之間的友情。別因為一些小細節，而讓自己損失一個好朋友。朋友是人生中的事業，需要用心慢慢經營。

5.朋友也要有親疏之別

猶太人交朋友講究當親則親，當疏則疏。這和我們普通人不一樣，因為交朋友是需要感情投資的，朋友太多會忙不過來，有時候會連僅有的一點休息時間也都花在交朋友上。有時候你忙於某一段友誼而冷落了另一位比較珍貴的友誼，反而讓自己失去一個很好的機會。以下是猶太人對於處理朋友之間親疏關係的法則。

從某種意義上說，人的一生就是糾纏於各種各樣的親疏關係矛盾之中，把這些錯綜複雜的關係釐清之後，你就會生活愉快，工作順利。

在親疏關係上，關鍵是要做到順其自然，首先要釐清親疏關係的界線，接著便能視其情況，當親則親，當疏則疏，不要著意於從人際關係中謀求什麼，換句話說就是不要太功利。交友注重誠意，擇賢而從的精神，也是值得推崇的；以利害為基礎的友誼不可能長久，欲得反失，「有心栽花花不開，無心插柳柳成蔭」講的也是這個道理。

猶太社會學家曾說：「交友本是人生的雅事與樂趣，千萬不可把它視為謀財取利的手段，否則將會功虧一簣。」

以下為猶太人交友的原則。

1.交友不攀權勢

每個人隨時都要與握有各種權力的人接觸、打交道。真正的自然和諧關係，就是不以權勢大小來決定親疏遠近。親權勢者，疏無權無勢者，是勢利眼。親權勢大的，疏權勢小的，等於從中挑撥，必導致權勢相爭。應兩者取其中，公事公辦，不拖泥帶水，也不要把精力和心思花費在研究他人背景。以權勢判斷關係親疏，實則是親一時，疏一世。成功的猶太人都知道，凡是攀附的關係，是不長久的。因為權勢本來就不是永恆的，而是無常的，所以以此為籌碼的親疏一定不會長遠，這是必然的。

猶太人認為，不以權勢作為取捨標準，不等於見官就躲，敬而遠之；不要以權交友，也不必見官就退避三舍。比較恰當的態度是順其自然，當親則親。

2.交友不貪錢財

幾乎所有的猶太人都認為，人不可一日無錢財，但人切不可為錢財所累。以錢財論親疏，正是認錢不認人，「有奶就是娘」的卑賤小人。金錢財物在超然者眼中不過是糞土，只有真情才天長地久。真金難買真情，擁有一份真情比擁有一袋金子更寶貴。

3.不為圖利而交友

我們常聽到人們說「有用嗎？」有用、「好使」則親；沒用、「不好使」則疏。這裡的「好使」、「不好使」和權勢固然有密切聯繫，但仍有所不同。趨炎附勢者，不一定都想直接從權勢者那裡獲取什麼功利。「好使」則親，完全是急功近利，實用主義。人們議論某人實用主義作風，往往說他「盡揀有用的朋友交」，就是這個意思。善於廣交朋友，這未必不是好事，這說明此人有公關能力。但專揀有用的朋友交，與「好使」者親，這就勢必在親情、友情、人情中夾雜了功利目的。親疏只要帶上功利色彩，肯定就會出現悲劇，多少人生實踐證實了這一點。

猶太人認為，交友不能太實用主義、功利化，免得「實用」到自己頭上。強和弱，幼和老，有用和沒用都是對立統一的，誰都難逃生老病死與無常的規律，切不可以「好使」、「不好使」與他人論親疏。

6. 懂得拒絕朋友

對許多人來說，拒絕朋友是一件很困難的事。當別人對他們提出要求時，他們不好意思說「不」，因為這樣很可能會傷害對方的感情，造成關係疏遠。但是有時候，自己又確實有難處，因此許多人在面對這種矛盾時都會覺得不知所措。

其實，在自己確實有難處，或者如果答應別人的要求，對自己的利益會有很大損失的情況下，就應該拒絕別人。但是拒絕別人也要考慮對方的情感，儘量不要傷害朋友的感情，「練習說不」也是一門學問。

猶太人在這方面就做得很好，他們深知怎樣拒絕朋友卻又不至於傷害朋友。

1. 拒絕時，留意不傷朋友的面子。如果既拒絕了朋友的要求，又讓朋友丟了面子，那麼他們心中產生不滿之情是在所難免的；可是如果在拒絕朋友的要求時，不讓對方丟面子，使朋友非常體面地接受拒絕，結果可能會大不相同。

2. 以非個人的原因做藉口。拒絕朋友最困難的就是在不便說出真實的原因時，又找不到可信而合理的藉口，那麼，不妨在別人身上動腦筋。

3. 明確表示你很願意滿足對方的要求。當有人請求你的幫助時，在自己能力所及的範圍內，應該給予幫助。但碰上實在無能為力的事，你無法給予幫助時，也不要急於把「不」字說出口，不要讓對方感覺你絲毫沒有幫助他解決困難的誠意，否則你在別人眼中會是一個自私而缺乏同情心的人。

4. 誘使對方否定自己的提議來達到拒絕的目的。當朋友向你提出不合理的要求時，不要直白地拒絕他，要讓他明白自己的要求是多麼荒唐，進而自願放棄。

5. 在拒絕朋友的同時，說明對方為得到其所求還應做些什麼。

6. 用最委婉的、和氣的方式來表達你的不同意見。

7.朋友之間要互相理解

猶太人認為，友誼的基礎是理解，但朋友之間未必總能理解對方，互相不理解甚至誤解是朋友相處時常有的事。很多中學生常常為了一點不能理解或誤解弄得好朋友一下子變成了冤家，事後冷靜下來又覺得十分後悔。那麼，當你被朋友誤解時，你該怎麼辦呢？猶太人有如下建議。

首先，你得度量大一些，體諒朋友對你的不理解

生活是複雜的，每個人的生活經歷不同，所處的背景也各不相同，對事物的認識難免會「橫看成嶺側成峰，遠近高低各不同」的狀況。再好的朋友都會有不理解的時候，朋友之間需要寬容。馬克思有一句名言：「友誼需要忠誠去播種，熱情去灌溉，原則去培養，諒解去維護。」總之，你的心裡要裝得下朋友對你的不理解。

再則，你也許該反躬自省了

既然是朋友，尤其是要好的朋友，一般情況下，他應該是能夠理解你的正確行為，如果他這時反而不理解，有可能說明我們的行為偏離了正確的方向。可見，不理解未必就是一件壞事，它說不定就像一面鏡子，我們可以借此檢視一下自己的行為。當然，如果檢視反省之後，你覺得自己沒有什麼過錯，你可以繼續下去，你也沒必要為了得到朋友的理解而放棄正確的事。

最後，當朋友不理解時，光是苦惱是沒有用處的

羅曼．羅蘭說得好：「要散布陽光到別人心裡，得先自己有陽光。」你要樂觀起來，分析你的朋友為什麼會誤解你，如果他的主觀願望是好的，你可以主動出擊，真誠與他交換意見。當你在為他不理解你而生氣時，他也許也在為你的某種行為而懊惱，因此你需要主動向他解釋。當他明白你的心情不再誤解你時，你們之間的友誼將會是另外一番風景。

小**A**與小**B**是一對好朋友，有一段時間不知為什麼小**A**總跟小**B**發脾氣，小**B**覺得大家畢竟朋友一場，雖然心裡不高興，但還是選擇了忍耐。可是小**A**非但沒有領情，反倒變本加厲起來，對小**B**發脾氣更加頻繁，更加不分場合，有時弄得小**B**下不來臺。很多同學都紛紛替小**B**打抱不平：「這不是明擺著欺負老實人嗎？」「你也不欠她的，她憑什麼對你這樣啊！」

小**B**也覺得委屈，聽同學們一說，也覺得委屈，就與小**A**斷絕了來往。一週以後，小**B**的心恢復了平靜，內心卻產生了一種孤獨感。她開始思念與小**A**無話不談的日子，腦子裡經常湧出「早知如此，何必當初」的念頭。隨著時間的推移，這種思念慢慢變成了對自己的悔恨，她的

情緒開始低落起來。她也想過與小A和好，但轉念一想，分手本來不怨自己，那麼和好就應該由對方提出，如果自己主動提出和好，就顯得出爾反爾，讓同學們笑話。小B陷入了兩難的境地。

想必大家可能也碰到過類似的事情，不知你是怎樣處理的。就我個人的觀點來看，這是溝通不夠造成的。小B對這場友情危機應負主要責任。因為小A當時情緒不好，做事缺乏理智，不可能做到心平氣和溝通。小B當時很理智，應該負起溝通的責任，但是她卻聽信了別人的「好言相勸」，做出了分手的決定，這真是太遺憾了，這件事情確實發人深思。

首先大家應思考的是如何理解朋友

朋友間不光是溫情和歡笑，不光是你好，我好，大家好，朋友間也會出現矛盾衝突。矛盾衝突是友情的試金石，是對朋友關係的考驗，經不起這種考驗，朋友也就散了；經得住這種考驗，朋友間的感情就會更加深厚。朋友之間出現衝突時，我們應立足長遠，冷靜思考，積極化解，不要輕易地拋棄朋友。在處理朋友關係時，尤其不要害怕朋友對我們發脾氣。人總有心情不好時，會選擇向親人或者朋友發洩，因為她會覺得這樣比較安全。朋友跟你發火時越不理智，越說明她沒有把你當外人，所以才敢這樣放肆。記住「跟親人發火是一種信賴，接受親人發火是一種真愛。

其次是如何與朋友相處

交朋友要講情，不要講理，尤其在遇到衝突時更應如此。朋友無緣無故地跟你發脾氣時，你首先不應該考慮自己的面子，不要衝動地當下與她據理力爭，這樣做的話，你們之間就不是朋友關係了。你應該做的是關心她的情緒變化，並想方設法套出朋友情緒不好的原因，幫她實實在在地解決存在的問題，這才是真正的朋友應該做的事。

最後是如何修復破碎的友情

朋友之間也會鬧誤會、傷感情，當事情過去以後，雙方冷靜下來，應該勇敢放下面子，敞開心扉，坐下來好好談一談。談一談分手時自己的想法和衝動，談一談分手後自己的寂寞和悔恨，談一談你們曾經有過的快樂和憂傷——相信隨著話題的擴展，你們對彼此的了解會更深入，你們的心也會貼得更近的。

成功的猶太人認為，一個人不可能凡事都得到所有人的理解和讚許，但是，如果能夠認識到自己的價值，那麼他在得不到理解和讚許時便不會感到沮喪，而且可以會將反對意見視為一種自信現實，並能堅持自己對世界的看法。

8. 君子之交淡如水

「君子之交淡如水」，這句話猶太人也認同。任何事情總要掌握個分寸，什麼事做得過了度，往往便會走向事物的反面，好事也變成了壞事。事情的發展往往不會依個人的主觀意志而定，我們無法強求。所以，我們只能強迫自己適應它。只有做到這一點，我們方能真正做到事半功倍。猶太人卻能很好地把握這個分寸，使君子之交淡如水，與人相處達到「和而不疏」的境界。

或許，任何人都有過這樣的經歷和感覺，覺得和某個人或某幾個人很談得來，坐在一起便覺得心裡暖烘烘的，總是捨不得分開。關係密不可分，如膠似漆，然而，這一類關係的結局常常是令人傷心的分離，而且很可能是難以癒合的創傷。其實，傷口一旦產生，無論癒合得再怎麼好，也難免會留下疤痕，再怎麼細的線條，總會留下一道陰影，抹不去，擦不掉。這豈不就是失了分寸的緣故？

過分親密會破壞友誼

交友是人生一大樂趣，一旦逢著知己，便想越來越好，這個出發點沒有錯，但是做法不足取。

猶太人認為，朋友之間凡過分親密者，必生摩擦、容易起衝突，搞得雞犬不寧。所以朋友之間相處，特別是好朋友之間也需要掌握好分際，若即若離，不失為一種良好步調。也是交友的重要原則。

猶太人常說：「交朋友要保持細水長流的滋味。」這句話的意思是，朋友之間的關係不可太過密切，例如你有事去找朋友，到朋友屋前時，恰好聽到裡面有人在和朋友交談，這時你該怎麼辦？有人會想，既然是朋友，乾脆推門進去就是了。其實不然。雖然是朋友，但你冒昧而入，會打攪了人家談話，因此，你應該悄悄離去，另外再找合適的機會。或者去朋友家拜訪之前，先打個電話約好時間，而不能認為是好朋友就可以隨時登門。如果能做到這一點，你們的朋友關係一定能夠持久牢固。

人與人之間的交往，如果能像水一樣清清淡淡，細水長流，便永遠都不會感到厭倦。倘若像老是黏住對方，開始交往時一定進展得很快，時間久了，關係就會疏遠了。因此，交朋友一定要保持距離，給自己同時也給對方留下個人的空間。

在交友時如果認為彼此很親密而過於隨便，往往容易失禮於對方而不自覺。反之，距離過大又會產生疏遠的感覺。那麼，交友的祕訣是什麼呢？猶太人是這麼解釋的：「即使朋友有錯，也要以誠心來忠告、勸導他，如果對方聽不進去，就不必再多說了。」如果一味地說教，不但會引起對方厭惡，甚至會引起反效果。那些對朋友的缺點視若無睹，或是裝作不知道的人，是沒有資格與他人交往的。既是朋友，就應盡朋友之道，該有一次的忠告。若一再勸導，就會引起對方反感。因此，必須尊重他人的自主性，不可一味地勸說，這就是所謂的「君子之交」。

結交好友的關鍵

猶太人說：「朋友像一本書，交了一個好朋友，就如同買一本好書。」朋友對青少年來說，是不可或缺的。他對我們的影響極深，有益友、損友之分，因此，選擇好的朋友，能使雙方都成長及進步。

怎樣才能交到真正的好朋友呢？我們來聽聽猶太人是怎麼說的。

首先，主動很重要，因為主動說出自己的善意，打破人與人之間的冷漠，建立溝通的橋樑；其次，是信任，因為信任對方，對方才會信任你；也要有自己的想法及主見，明辨是非，才不會被人利用，對於朋友所提出的要求，不能一味討好。勉強答應自己做不到的事情，到時候做不到，反而會使人對你的評價大打折扣，朋友間的信賴也會漸漸淡去，反而弄巧成拙。所以要用對方法，才能交到好朋友。

當然，不是每種人都可以成為朋友，要選擇對自己有益的。多與益友相處，不會讓我們行為墮落，而是變成越來越好。古人說：「三人行，必有我師焉。」好朋友的一言一行，一定有我們可以相互學習之處；對於不好的，我們要自我反省、檢討，千萬不要重蹈覆轍，這樣才不致於失去交友的意義。

猶太人把朋友視為財富。因為朋友能慰藉你的感情，能分擔你的憂愁，能拓展你的知識，能撫慰你的人生。朋友對你的益處和作用是無法用金錢來衡量的。用事業、志向、思想、情感結交的朋友，有難同當，有福同享。得到朋友，尤其是得到知心的朋友，標誌著一個人能夠深深地把握生活，準確理解生活，成熟對待生活。金錢易得，朋友難求，難就難在心靈世界的一致，目標相同，言語行動的和諧，涵養氣質的互補，學習工作的促進。朋友的作用在於互相鼓勵，朋友的價值在創造，朋友的效能在激發。友情，是人間的無價之寶。

玖／

傑出猶太人善於談判

猶太人的成功，

不僅因為他們具有勤奮和實幹的精神，也有巧幹的功勞，

善於談判就是他們能夠獲得成功的捷徑之一。

1. 談判重在攻心為上

在猶太商人眼中，談判是人與人的智慧較量。因此，在談判中，「攻心為上」為重要的宗旨。猶太人的談判智慧中，強烈體現出這一點。

在他們看來，商業談判是貿易雙方為了達到各自的目的，就涉及雙方利益的標的物進行協商、妥協，從而達成協調一致的過程，是人與人之間交流、溝通的行為。人的一切行為都是從需要開始的，需要是商業談判的基礎和動力。談判心理是談判者在談判活動中對客觀事物的主觀反映，人的行為受其心理因素影響十分明顯，如何利用這些複雜的心理因素，因勢利導，促成談判的成功，是非常關鍵的要素。「攻心為上，攻城為下」，「能攻心則反側自消」，運用到當今的商業談判同樣奏效。

人的需要或需求是多重且不同層次的，可以從以下幾方面來考慮。

1. 以對方的需要為出發點，設身處地，借位思考問題。
2. 從考慮對方的目的出發，來達到或者滿足自己的需要，或者透過實現對方的利益來滿足本身的需求。
3. 考慮心理活動時，兼顧雙方的利益。

4.拋棄自己的利益，而只追求別人的利益。

5.不顧及對方的利益，只考慮自己的需要。

6.既不顧及別人的需要，也不顧自己的需要。

根據對這六種情況的分析，做出正確的判斷，以此滿足人們不同層次的需要，達到談判成功的目的。同時，在談判中，還要善於捕捉對方的心理反應，辨明真相，創造需求。談判中，如對方對你的商品大加讚賞，此時你一定要克服人類愛聽好話的心理弱點，用雙向思維來考慮問題，認清他是否是真正的買主，俗話說「褒貶是買主」。無數事實表明：對你的商品越挑剔，越是潛在的買主；問題問得越仔細，越是顯露出他對你的商品有興趣；如果問到售後服務，離成交就不遠了。這樣的事例在商業過程中比比皆是。商業談判關鍵就在於商人能否掌握對方的心跡，能否把握好機會，投其所好，將「潛在買主」和「潛伏買主」變為現實買主。「潛在需求」指顧客對商品有需求而無購買力，或有購買力而不想買。「潛伏需求」指有相當一部分消費者對產品有需求，但產品的品質或數量滿足不了需求。兩者的區別在於前者包含顧客無購買力的因素，而後者則指由於賣方的產品品質、數量等問題造成買方的需求未得以實現。商人應做的是開展研究潛伏市場的範圍，開發有效的產品來滿足人們的需求，把潛伏需求變成現實需求更具可行性。

猶太人在談判時還有一種暗示戰術，猶太人有個典型的笑話，充分說明這種戰術。

窮售貨員費南多在星期五傍晚抵達一個小鎮。他沒錢買飯吃，更住不起旅館，只好到猶太教會堂找執事，請他介紹一個能提供安息日食宿的家庭。

執事打開記事本，查了一下，對他說：「這個星期五，經過本鎮的窮人特別多，每家都安排了客人。只有開金銀珠寶店的西梅爾家例外，只是他一向不肯收留客人。」

「他會接納我的。」費爾南多十分自信地說，他走到西梅爾家門前。

西梅爾一開門，費爾南多神祕兮兮地把他拉到一旁，從大衣口袋裡取出一個磚頭大小的沉甸甸小包，小聲說：「磚頭大小的黃金能賣多少錢呢？」

珠寶店老闆眼睛一亮，可是這時已經到安息日，按照猶太教的規定，不能再談生意了。但老闆又捨不得讓這位送上門的大交易落入別人的手中，便連忙挽留費南多在他家住宿，到明天日落後再談。

於是，在整個安息日，費爾南多受到了盛情的款待。直到星期六夜晚，可以做生意時，西梅爾滿面笑容地催促費爾南多把「貨」拿出來看看。

「我哪有什麼金子？」費爾南多故作驚訝地說，「我不過想知道一下，磚頭大小的黃金值多少錢而已。」

在談判中，猶太人常常運用一些心理暗示的方式，誘導對方進行「合理」的推測，從而達到攻心的目的。

攻心為上，是猶太人談判中的重要智慧。他們想盡辦法去做，因為在他們看來，對方根據他們的暗示達成談判後，即使意識到結果是自己上了猶太人的當，也不能怪他們，只能怪自己「誤會」了猶太人。

猶太商人的六大談判技巧

猶太人的智慧是眾所周知的。商業上有一個原則，那就是只有在非談不可時才談。無論你是買主還是賣主，都應記住：如果你是賣主，要等到對方對你的商品有迫切需求時，再與他討價還價，儘量讓自己擺出一種不會討價還價的紳士態度；如果你是買主，你應讓對方知道，目前唯一重要的問題莫過於價錢低廉，盡可能地保持這種態度是重要的，它是討價還價的第一步。

要在談判時能夠做到「攻心為上」，要先達成下列幾個重點。

1.保存詳細記錄，做到言之確鑿

由於談判是一種涉及雙方利益的重大問題，一定要做到言之有據，因此保存詳細談判紀錄是十分必要的。為了防止對方出爾反爾，必要時可將紀錄展示出來，以維持我方利益。因此，在與對方談判時一定要注意：

必要時，展示你們口頭商談時，你所做的紀錄；
隨時將商談中的細節和結論以書面形式確定下來；
不要害怕問問題，提出你的質疑；
有必要時，寄出一封證明信給對方總結所達成的協議；
在沒有得到滿意的結論之前，不要與該人或該公司進行新的業務往來；
除非你的懷疑得到澄清，你要求掌握進一步資訊的要求得到滿足，否則永遠不要過早付錢，或是口頭確認任何交易；
如果中間人的舉止令人懷疑或不滿，儘快找到真正的負責人。

2.抓住有利時機，擴大我方優勢

商場如戰場。當對手陷入困境時，已喪失討價還價的主動權，在談判桌上陷入被動的地位，這時他們往往不惜血本，力圖使自己儘快擺脫困境。這時便是勝方以剛克柔、獲取勝利的好時機。

3.挫敗競爭對手，大做獨家買賣

商業談判中，有些專做獨家買賣的人還常常利用買者追求獨家商品的心理，特別製造些稀有商品，以提高價格。

4.只有在最需要的時候才讓步

經驗豐富的談判者在可能讓步時，是不會明白說出來的，他們只會為後續的行動漏一些口風。在這種情況下，他們慣用的行話是：「讓我們把這個議題暫時緩一緩。我想，過些時候，它就不會成為一個障礙了。」當對方說出這樣的話時，就應該尊重他的意見。而我們應留意的是，確保後續能夠得到他所承諾的讓步。

人們總是比較珍惜不容易得到的東西，在商場上也是這樣。對方不欣賞很容易就得到的成功，太容易得到的東西他們不會太珍惜。所以，假如你真的想讓對方高興，就讓他們努力去爭取每樣能得到的東西。在遇到對方固執己見時，你應聰明學習水流的抵抗方式：先後退，繼而傾聽、思考；然後再慢慢向前移動；除了不要太快再次讓步外，也不要太快就提供給對方額外的服務，例如允諾快速送貨、由己方負責運費、遵照對方的規格要求，或是提供有利於對方的條件等等。即使要做出讓步，也不可做得太快。

5.不能單方面讓步，你的讓步要能換來對方的讓步

磋商過程中的讓步原則如下：

一方的讓步必須與另一方的讓步幅度相同；

雙方讓步要同時進行；

為了盡可能讓對方滿足，不惜做出適當的讓步，但讓步是為了我方的利益；

必須讓對方懂得，我方每次做出的讓步都是重大的讓步；

要期望得高些；

要以預定的速度向成交點推進。

f. 對手強悍時逐步退讓

此項戰術的先決條件是，談判一方占有絕對優勢；另一方則是有求於或受控於人。但談判遇到強悍對手時，居劣勢的一方只有抱「少輸為贏」的談判原則。採用拉鋸戰，逐步退讓，方能將讓步降到最低。

6.唱做俱佳，主導戰局

此種戰術，主要是談判技巧嫻熟、圓滑老練的談判者所用的。不管己方理直理虧，擁有籌碼多少，都能主導戰局，贏得勝利。

談判對手若為此種功力深厚的高手，己方必須旁觀者清，不被對方牽著鼻子走，以免輸得不明不白。對自己的明確立場及談判原則，要始終堅守，不可落入對手的主導之下，亂了自己的陣腳。

以上都是猶太人常用的談判技巧，而他們正是因為無限度地運用了這些技巧，才會在世界商場上叱吒風雲。

2.充分做好談判準備

猶太商人在世界上能取得如此成就，談判功力是一大重點。優秀的談判能力，有助於他們取得更好的發展條件。如何才能做好談判，取得談判的勝利呢？猶太人認為每次談判前必須做好充分的準備。

首先，談判者應當知己知彼

孫子曰：「知己知彼，方能百戰不殆。」他的這句至理名言，對談判者準備商談也有一定的啟示。在商談之前，如能對於對手有所了解，並有所準備，則在談判之中，談判者便能夠揚長避短、避實就虛，「以我為長，擊敵之短」，取得更好的成績。

對談判對手的了解，應集中在下列幾個方面：在談判對手中，誰是真正的決策者或負責人；談判對手的個人資訊、談判風格和談判經歷；談判對手在政治、經濟以及人際關係方面的背景情況；談判對手的談判方案；談判對手的主要商務夥伴、勁敵，以及他們彼此之間相互關係的演化等等。

其次，談判者應當熟悉流程

雖說談判的經驗需要積累，但是因為談判事關重大，它往往不允許人們視之為兒戲，不允許人們在「知其一，不知其二」的情況下倉促上陣：從純理論來講，談判的過程是由「七部曲」環環相扣，一氣呵成的。它們是指探詢、準備、磋商、小結、再磋商、終結以及談判的七個具體的步驟。在每一個談判的具體步驟上，都有特殊的「起、承、轉、合」，都有一系列的臺前與幕後的準備工作要做，且需要當事人具體分析、隨機應變。因此商界人士在準備談判時，一定要多下苦功，多做好準備工作，尤其應精心研究談判的常規流程及其靈活的變化，以便在談判之中，能夠胸有成竹、處變不驚。

最後，談判者應當學習談判策略

商界人士在進行談判時，是基於平等、互利的原則，但是這並不不能捍衛或爭取己方的利益。事實上，任何談判的成功，不僅要憑藉實力，更要依靠對談判策略的靈活運用。

商務談判的策略眾多，諸如以弱為強、製造競爭、火上加油、出奇制勝、聲東擊西等，任何行家高手應該都很清楚，但是否能夠活學活用，卻並非每個人都能做到。這一點，卻正是猶太人所擅長的。

例如，在談判時，應當何時報價，就是一個頗具策略性的大問題。如果想要先入為主、贏得主動權，那麼率先出價是可行的。要是不明就裡，指望以逸待勞，後發制人，則不妨後於對手報價。以報價時機來講，如果要絕對性的說，究竟是先報價好，還是後報價好，這個問題沒有正確答案，必須依據事情的發展而定，才可以做出正確判斷。

猶太人不僅在談判方針和原則上做好充分的準備，就連小到談判的細節也會做好充分的準備。

猶太人認為談判細節的準備，是要求談判者在安排或準備談判會議時，能夠注意自己的儀表、預備及布置好談判的場所及座次，並且以此來顯示我方對於談判的鄭重其事以及對於談判物件的尊重。

在準備談判時，細節的準備效果雖然一時難以預料，但是這道手續絕對是不可或缺的，與談判能力相比，它是同等重要的。

正式出席談判的人員，在儀表上，務必要有嚴格的要求和統一的規定。男士一律應當理髮、剃鬚、吹頭髮，不可蓬頭亂髮，不准留鬍子或留大鬢角。女士應選擇端正、素雅的髮型，並且化淡妝，不可做過於摩登或前衛的髮型，不可染彩色頭髮，不可化豔妝，或使用香氣過於濃烈的化妝品。

在儀表方面，最值得出席談判會的商界人士重視的是服裝。由於談判關係大局，所以商界人士在這種場合，理應穿著傳統、簡約、高雅的最正式禮儀服裝。可能的話，男士應穿深色三件式套裝西裝和白襯衫、打素色或條紋式領帶、配深色襪子和黑色繫帶皮鞋。女士則須穿深色西裝裙裝套裝、白襯衫，搭配透明絲襪和黑色高跟或半高跟皮鞋。

商務談判依據舉行地點，可以分為客座談判、主座談判、客主座輪流談判，以及第三地點談判。客座談判，即在談判對手所在地進行的談判。主座談判，即在我方所在地進行的談判。客主座輪流談判，即在談判雙方所在地輪流進行的談判。第三地點談判，即在不屬於談判雙方任何一方的地點所進行的談判。

四種談判會議地點的確定，應透過談判各方協商而定。倘若自己擔任東道主，出面安排談判，一定要在各方面打好禮儀這張王牌。人們常說「禮多人不怪」，如果能在談判會的臺前幕後，恰如其分地運用禮儀，迎送、款待、照顧對手的話，將可贏得深刻的信賴、理解與尊重。

在談判會上，如果身為東道主，那麼不僅應當布置好談判廳的環境，預備好相關的用品，還應當特別重視座次問題。

只有在某些小規模談判會或預備性談判會的進行過程中，座次問題可以不必拘泥。在舉行正式談判會時，則務必重視這個問題。因為它既是談判者對規範的尊重，也是談判者給予對手的禮遇。

舉行雙邊談判時，應使用長桌子或橢圓形桌子。賓主應分坐於桌子兩側。若桌子橫放，則面對正門的一方為上，應屬於客方；背對正門的一方為下，應屬主方。若桌子豎放，則應以進門的方向為準，右側為上，屬於客方；左側為下，屬於主方。

在談判的一般過程中，雙方人員的態度、心理、方式、手法等，無不對談判構成重大的影響。

3. 將局勢導向有利於自己的方向

猶太人認為，談判行為是一項很複雜的交際行為，它是伴隨著談判者的言語互動、行為互動和心理互動等多方面的複雜行為。談判行為從某種意義上說，可以視為人類眾多遊戲中的一種。是一種既嚴肅又充滿智趣的遊戲行為。參與者在遵守一定的遊戲規則中，各自尋找那個不知會在何時、何地、何種情況下出現的談判結果。

美國談判學會主席、談判專家尼爾倫伯格說，談判是一個「合作的利己主義」的過程。尋求合作的過程中，雙方必須尋找彼此均能接受的規則行事，因此談判者必須展現誠意，在談判行為的每一環節中，努力贏得對方的信賴，才能把談判完成。但是由於談判行為本身所具有的利己性、複雜性，加之遊戲規則所允許的手段性，談判者又很可能以假身分掩護自己、迷惑對手，取得勝利，這就使得本來就很複雜的談判行為變得真假難以識別。

人在商場上，不可或缺的是要與人進行交易和合作。一個好的交易夥伴或合作夥伴對自己的發展是有極大的幫助的，一個壞的交易夥伴或合作夥伴對自己的害處也是顯而易見的。因此，猶太人面臨這種選擇時，往往會很小心謹慎去打量對方，並蒐集一切有關對方的資料。而不是因為前來交涉的人穿著和打扮氣度良好而有所忽略，透過行為看到對方的本質和真實實力才是猶太商人最為關心的。因為如果你為對方的表面所迷惑，而看不到對方的真實面時，將會給你帶來龐大的損失。

猶太商人不會在這一點掉以輕心。他們通常會很仔細觀察，藉此識破對方的種種偽裝。在談判初期，雙方都會圍繞這些內容施展各自的探測技巧。

以下介紹猶太人是如何辨別對方實力的一些相關技巧。

1.火力偵察法

有些猶太商人在談判時，先主動拋出一些挑釁的話題，刺激對方表態，然後再根據對方的反應，判斷其虛實。例如，甲買乙賣，甲向乙提出了幾種不同的交易品項，並詢問這些品項的價格。乙一時搞不清楚對方的真實意圖，因為甲這樣問，既像是打聽行情，又像是在談交易條件，而且還像是個大買主，但又不敢肯定。面對甲的期待，乙心裡很矛盾，如果據實回答，萬一對方是來摸自己底的，那自己豈不是要被動地任人宰割？但是自己如果敷衍應付，有可能會錯過一筆好的買賣，說不定對方還可能是一位可以長期合作的夥伴呢！

在情急之中，乙閃出個念頭：「我何不探探對方的虛實呢？」於是，他急中生智地說：「我是貨真價實，就怕你一味貪圖便宜。」所有人都知道，商界中奉行著這樣的準則：「一分錢一分貨」、「便宜無好貨」。乙的回答，暗含著對甲的挑釁意味。除此而外，這個回答的妙處還在於，只要甲一接話，乙就會很容易地掌握甲的實力情況。如果甲在乎貨的品質，就不怕出高價，回答時的口氣也會比較大；如果甲在乎貨源的取得，急於成交，口氣會顯得較為迫切。在此基礎上，乙就很容易確定出自己的方案和策略了。

2.迂迴詢問法

以迂迴的方式，使對方鬆懈，然後乘其不備，巧妙探得對方的底牌，這一招也常常被猶太人使用，而且取得了不錯的效果。在主客場談判中，東道主往往利用自己在主場的優勢，實施這種技巧。東道主為了探得對方的時限，就極力表現出自己的熱情好客，除了為對方的住宿環境做了周到的安排之外，還盛情邀請客人參觀當地的山水風光，領略風土人情、民俗文化，往往會在客人感到十分愜意之時，就會有人提出幫你訂購返程機票或車船票。這時客方往往會隨口就將自己的返程日期告訴對方，不知不覺中落入了對方的圈套。至於對方的時限，他卻一無所知，如此一來，在正式的談判中，自己受制於他人也就不足為奇了。

3.聚焦深入法

先是就某方面的問題做概略的提問，在探知對方的隱情所在之後，再進行深入，從而把握問題的癥結所在。例如，一筆甲賣乙買的交易，雙方談得相當滿意，但乙卻遲遲不肯簽約。甲感到不解，於是他就採用這種方法達到目的。首先，甲證實了乙的購買意圖。在此基礎上，甲分別針對自己的信譽、個人品格、產品品質、包裝、交貨期限、銷售時間等逐項進行採問。結果乙回答，上述層面都不存在問題。最後，甲又問到貨款的支付方面，乙表示目前的貸款利率較高。甲得知對方這一癥結所在之後，隨即又進一步深入，他從當前市場的趨勢分析，指出乙照目前的進價成本，在市場上銷售，即使扣除貸款利率，也還有較大的利潤。這一分析讓乙安心許多。但是乙又擔心，銷售期太長，利息負擔可能過重，將會影響最終的利潤。針對乙的這點隱憂，甲又從風險的大小方面進行分析，指出即使那樣，風險依然很小。經過來回詳細的提問和解析之後，終於促成了雙方簽約。

4.示錯印證法

探測方有意透過犯一些錯誤，比如唸錯字、用錯詞語，或把價格報錯等種種示錯的方法，誘導對方表態，然後探測方再借題發揮，最後達到目的。例如，在某時裝區，當某一位顧客在攤前駐足，並對某件商品多看上幾眼時，早已將這一切看在眼裡的店員便前來搭話，說：「看得出你是誠心來買的，這件衣服很合你的意，是不是？」察覺到顧客無任何反對意見時，他會繼續說：「這衣服標價一百五十元，對你優惠，一百二十元，要不要？」如果對方沒有表態，他可能繼續說：「你今天身上帶的錢可能不多，我也想開個張，賠本賣給你，一百元，怎麼樣？」顧客此時會有些猶豫，攤主又會接著說：「好啦，你不要對別人說，我就以一百二十元賣給你。」早已動心的顧客往往會迫不及待地說：「你剛才不是說賣一百元嗎？怎麼又漲了？」此時，店員通常會煞有介事地說：「是嗎？我剛才說了這個價錢嗎？啊，這個價我可沒什麼賺了。」稍作停頓，又說，「好吧，就算是我錯了，那我也講個信用，除了你以外，不會再有這個價了，你也不要告訴別人，一百元，你拿去好了！」話說到此，絕大多數顧客都會成交。在這場對話過程，店員一度假裝口誤將價漲了上去，誘使顧客做出反應，巧妙探測並驗證了顧客的購買需求，收到引蛇出洞的效果。在此之後，店員再將價格降下去，就會很容易促成交易。

5.真誠相待和假意逢迎

談判行為是一個尋求合作的過程。坐在談判桌前進行磋商，雙方都應抱懷抱誠意而來，否則談判行為將形同虛設。根據馬斯洛和尼爾倫伯格的需求理論，談判目標是屬於自我實現的需要，它是建立在滿足較低層次的其他需要的前提下，才得以實現。因此，作為東道主的熱情接待，安置舒適安全的環境，談判前的敘情寒暄、私下的友好往來，談判過程中的溫、謙、禮、讓都應是真誠的。除非你想刺傷對方，故意造成談判破裂。

可是在談判活動中，談判人員接納真誠的承受力是因人而異的。一些老練的談判對手會利用你在真誠面對的狀態下，假意逢迎迷惑你。有些商人在商務談判中經常運用此策。他們派專人到機場恭迎你，然後領你到高級賓館下榻，又非常熱情地宴請款待。在你需要洗漱休息時，他們又特意為你安排一些娛樂活動。每一句話、每一個行動看上去都是極其真誠的，讓你盛情難卻，直到你疲憊至極，還沒充分恢復時，他們又提出進行談判。往往使你啞巴吃黃連，有苦說不出。你能抱怨對方什麼呢？他們是盛情，可你既難以推辭而又難以承受。在談判中，我們還經常看到一些對手，他們非常有涵養，對我們極其尊重。他們不僅很少指責，甚至還口口聲聲「按您的意思很好」、「就您的威望來說我們不敢提出異議等等」，態度畢恭畢敬。這種情況貌似對方順從己意，實則是假意逢迎，利用對你的自尊心理的滿足，滋長你的虛榮，在不給你任何實惠的口惠掩藏下，實現他的目的。言多必失，一旦失言，你就必須迫於維護面子，只得把利益拱手相送。所以在談判中我們應提高警惕，不能被表面的虛情假意迷惑，而損害自己的利益。

6. 聲東擊西和示假隱真

談判是富有競爭性的合作。雖然不是對弈戰爭，也不是要鬥個你死我活，但是談判也絕對不是找朋友，推心置腹的溫馨過程。談判雖然是遵循互利互惠的原則，但雙方皆贏的結果很難達成。在這種力求雙贏的遊戲中，雙方只好各自施展謀略，試圖尋獲更多利益，這是規則。在談判對策中聲東擊西、示假隱真，也常是談判者慣用的技巧。

7.拋出真鉤和巧設迷局

談判是一種雙方資訊的交流、競爭，誰能夠掌握較多對手的資訊，誰就能在談判中占據主動。所以無論是政治談判還是商務談判，獲取、蒐集、識別對手的資訊，已經是一項非常重要的功夫。因此，各方都很重視談判資訊的保密措施。然而我們對資訊保密性的理解不能只停留在表面上，只是一味地時時、處處、不分有無效用地「死守」情報。相反的，我們應當「將計就計」地活用情報。適當的「洩密」就是一種巧用情報的談判策略。具體來說，洩密也有拋出「真鉤」——洩漏真實情報和巧設陷阱、洩漏假情報兩種。手段不同，目的卻是一致。洩密有一定的風險，但如果能做到適時、適地、適量，準確把握分寸，也能發揮落子定局的奇效。在談判中，還有一些人利用對手迫切了解自己情報的心理，有意把一些事先準備好的假情報，放在對方容易看到或聽到的地方。比如有的談判高手在談判休會期間故意忘了帶走一、兩份檔案或公事包，或者在公開場合很粗心談論一些商業機密，掘下一個陷阱，讓對方往裡鑽，勾引對方上當。第二次世界大戰期間，盟軍曾在一次戰役中將一份假情報放在一位已戰死的上尉公事包裡，然後撤離戰場，德軍在清掃戰場時，意外驚喜獲得這份重要的「情報」！後來，德軍果然中了圈套，損失慘重。

在洩漏假情報時，要做得不動聲色。過於輕易被對方獲得反而會受到懷疑，所以有時不妨故意設立障礙，在恰當的時機及時放行，吊其胃口，誘敵深入。

猶太人認為，談判工作是一個艱苦的鬥智過程，只有在這個商戰中取得優勢地位，才能使自己在每一步前進中增強自己的實力。

4. 把握談判中的氣勢

猶太人講究在談判中先聲奪人，往往虛張聲勢，先硬後軟。「先打對方一巴掌，再給他糖吃」，這是一種恩威並施、籠絡人心的手段。在談判時也常見此種戰術。先是虛張聲勢，「如果不接受此種條件，一切免談。」類似的下馬威。如果這一招不成，就開始以退出談判相要脅。如果最後伎倆仍難以得逞，就轉為甜言蜜語，說服對方接受條件。這就是所謂先硬後軟。

在大多數情況下，猶太商人在談判中會使用這種在氣勢上壓倒對方的方法——在談判中掌握了主動權，進而達到自己的談判所想達到的目的。在氣勢上壓倒對方，採用的是聲勢奪人法。任何一個人見了比自己還要狠的人，即使表面上不露聲色，但一定先私底下會想：「這個人到底是什麼來頭，說話如此帶有威懾力？難道他們公司比我們公司還要大？我們公司在這次合作中是處於劣勢？對方是他們公司的高層？」等等想法。每個人都會在心裡有這麼一番算計。但是，在談判桌上，是不容你分心的，一旦你分心，很多事情的處理便沒有辦法理智了。氣勢上強大，可以加重對方的心理壓力，他們會開始胡思亂想，於是不知不覺在合作過程中落入劣勢，因而處於被動狀態。

那麼，如何提高自己在談判中的氣勢，給對方增加壓力呢？猶太人用過很多辦法。

1. 運用頭銜

長久以來，「頭銜」一直被認為是威信的象徵。國王、女皇、公爵、大學校長、律師、醫生等等，無不顯示擁有這些稱號的人的特殊資格以及權力，頭銜具有使他人留下深刻印象的作用。因此，在談判中，它扮演了十分重要的角色。猶太人時常運用頭銜影響對方。

頭銜是一件足以影響對方的利器。不過，這種影響力是否有利於自己，就得看你如何掌握了。許多人不了解頭銜可用來作為談判的武器，即使知道，也不懂得到底應該如何使用，才能對談判產生有利的影響。理事長、董事長、部長這些稱號，表示其人擁有與這一頭銜相稱的能力。在現實社會中，頭銜是相當受重視的，有什麼樣的頭銜，便擁有什麼樣的實力。

頭銜與擁有者的能力、權力或威信具有相當關係時，即可於談判中發揮效果。一般說來，大多數人總認為，只要是理事長、董事長，其談判能力必然高人一等。所以即使頭銜本身與談判內容毫無關係，但只要亮出「董事長」、「總經理」這一類頭銜，聽者必然心存敬畏。這就表示，你的頭銜已經對談判產生了某種程度的影響力。如果對方對你的頭銜感到敬畏，那麼，就設法讓他繼續保持這份敬畏之情，直到談判結束吧！

僅僅憑著某一種頭銜，就可使對方自以為比你矮了半截，這就是頭銜的妙用。當談判雙方的能力旗鼓相當時，如果你多擁有一個令對方心生敬畏的頭銜，談判的形勢很可能便會因此而改變。

頭銜是一種無形的壓力，當對方感受到此種壓力時，言行舉止便會受到牽制，談判能力也就難以淋漓盡致地發揮了。有些頭銜足以使對方高估你的實力，有些則正好相反。如果某家公司的董事長要和另一家公司的總經理進行談判，董事長必然會這麼認為：「對方不過是個總經理，地位比我低多了，和這種人談判，有什麼好準備的。」事實上，「總經理」的談判能力並不一定遜於「董事長」。然而，由於「頭銜」的關係，對談判者的心理便產生了微妙的影響。管理者通常以頭銜來作為評判一個人的能力和社會地位的標準，姑且不論其是否客觀，這總是一個無法改變的事實。

每個人都有屬於自己的標記，一般人便是以這種標記來評價他人：出身名門的，一定比出身寒微的人受重視；名校畢業的，一定比三流學校畢業的有出息；鄉下的醫生，能力必然不及城裡的醫生……然而，若過分相信這種價值判斷，有時便可能招致意外的失敗。例如一流大學畢業的律師反而栽在一個名不見經傳的三流大學畢業的律師手裡，不是不可能的事。

2. 讓對方適度了解你的實力

猶太人認為，在談判前，談判者要預先評估本身的強弱與地位的優劣，並要設法探查對方對於自己的了解程度。完成了這兩項談判的初步準備，才能夠於談判時適時而有效地運用談判技巧。即使面對的是同一件事，每個人的反應也會有所不同。尤其在事過境遷之後，其中的變化更是難以掌握。這種因人而異、說不出所以然來的觀念差異和隨時可能有所變化的反應，是談判者不可忽略的一個事實。如果對方高估了你的實力，這還算好。讓對方知道你的實力，可以讓對方深刻地體會到你並不是在虛張聲勢，從而再給對方加上一層心理壓力。對於自己的優勢，應該反覆強調，讓對方在這個程度上達成一個好的協議。不過，需要說明的是，反覆向談判對手展示自己的力量，有時也會有弄巧成拙的危險，情況不就更糟了嗎？所以，在反覆強調自身實力的同時，應特別注意切莫讓自己陷入不利的立場，也不要讓對方對自己產生誤解。

3.身體語言的壓力

這是人們常見的通病。當對手表現得悠然自得時，我們自己往往開始變得心虛，開始擔心「自己的對手是不是比自己要強等很多」這一類問題。有個猶太商人非常精於此道，他和人談判時，總是隨身帶一個煙斗，在談判過程中，他會請求對方讓他抽煙，然後用一種非常優雅的姿態，一邊抽煙，一邊談判，在這種氛圍下，他的優雅從容反而會讓對方產生很大的壓力。因此他在談判後，經常取得比較好的條件。

4.洞悉對方的思考模式

猶太人認為，在談判前的準備階段，應想盡辦法了解談判對手的自我評價。如果自己以前曾與該談判對手接觸過，不妨再翻閱一下當時的談判記錄。如果雙方素昧平生，則可以從與對方談判過的人那裡獲得消息。另外，從圖書館或對方所屬的機關，也能找到若干基本資料，例如年齡、經歷、教育程度、特殊專長等等，根據這些，一個人的輪廓便可以大致呼之欲出了。事前的蒐集資料，再加上由實際接觸中的觀察所得，應可足夠大致了解一個對象了。在談判時，你就可以適當根據對方的性格來給予對方壓力，而且可以在言談間不經意提及關於對方的生活小事。這樣對方會認為，你連他的生活小事都知道，肯定在他身上下過工夫，不容小覷。

猶太人認為，談判是溝通，也是一種智慧的較量。只要自己善於掌握，一定能夠獲得自己想要的結果。

5.不要讓對方牽著鼻子走

猶太人認為，在談判的準備階段中，己方應率先擬定談判議程，並爭取對方的同意。關於談判議程由哪一方確定，並無定法。在談判實踐中，一般以東道主為先，經協商後確定，或雙方共同商議。也有單方面主動提出的，這就需要對方同意、方能成立。談判者在談判的準備階段中，可以根據情況，爭取主動、率先提出談判議程，並努力得到對方的認可。談判前，己方率先擬定談判議程可以有效防止讓對方牽著鼻子走。

首先，談判的議程安排依據己方的具體情況，在程式上能避己所短，揚己所長。可以在談判的程序上，保證己方的優勢能得到充分的發揮。另外，還應迴避那些可能使對方難堪，因而導致談判失敗的話題。

其次，議程的安排和布局，要為自己出其不意地運用談判手段埋下契機。對一個談判者來說，利用擬定談判的機會運籌謀略，是不可錯失的契機。另外，談判議程的內容要能體現己方談判的總體方案，要能引導或控制談判的速度和方向以及讓步的限度和步驟等等。

事先充分做好功課，蒐集大量有用的情報

一個好的談判議程，可以幫助你駕馭談判，成為己方縱馬馳騁的韁繩。但要注意的是，無論談判的議程編制得多麼完美，都不要奢望萬無一失，也不可能保證談判的每一步都不會失利。

美國前國務卿季辛吉是出生於德國的美國猶太裔外交官，他有一句話：「談判的祕密在於知道一切，回答一切。」這句話的意思是：談判的取勝祕訣在於周密的準備。在季辛吉看來，周密的準備不僅要弄清問題本身，同時也包括知曉相關的種種微妙差異。為此，要事先調查談判對手的心理狀態和預期目標，正確判斷出找到雙方共同點的方式，在談判桌上才有成功的基礎。如果事到臨頭仍在優柔寡斷，那麼對方必定會有機可乘。

猶太人是談判專家，他們重視談判。即使只是一場很小的談判會議，他們也會事先做好大量的準備工作。猶太人這種充分做好談判前的準備工作的方式，不僅在世界商界，而且在世界外交界都得到了普遍的重視。

他們認為，任何一場談判都具有一定的目標，否則就會像脫離軌道的火車一樣失去了方向。同樣，對於談判中的每一具體事項，也應具有一定的目標，這樣才能確保在談判中不犯下失誤或疏漏。談判目標作為談判用於決策的指南，具有主觀預測的性質，它需要經過雙方的共同努力才能實現。

根據觀察，絕大多數參加談判的人都不知道自己的目標是什麼。這句話也許會使許多人覺得不服氣，那麼我們可以大膽問一句：「你談判的最終目標是什麼呢？你能大膽回答嗎？」恐怕能立即說出答案的人不多。因為在心裡的目標，往往是經濟利益、名譽、感情等等諸多因素的混合體。

人類是具有感情的動物，很容易因為一些芝麻小事，而產生喜怒哀樂的情緒，而這些情緒又往往左右一個人參加談判的態度。商業上的訴訟案一般平均要花三年時間才能完全解決，其主要的原因就是當事人多變的複雜心態所致。所以，在談判中取勝的要訣，最重要的是不忘自己的目標，控制自己紛亂的情緒和心態，保持始終如一的堅定態度。這就好比是在製造一把雨傘，必須先把一支支淩亂散置的傘骨束起，固定妥當，才能井然有序地完成。只有先把你的目標明確，才能進入複雜的談判。

請記住：最重要的是必須明確自己真正追求的目標，並牢牢銘記在心裡，再圍繞著目標，考慮合適的手段。

在確定談判目標時，還要注意堅持三項原則，即實用性、合理性和合法性。實用性原則就是要求制訂的目標必須根據自身的經濟能力和條件來進行，否則，任何談判的結果將無法付諸實踐。合理性原則包括目標在時間與空間上的合理性。由於市場情況是千變萬化的，在某一時間和某一空間內合理的東西，在另外的時間和空間內就不一定合理了。因此，談判者也應對自己的利益目標在時間和空間上做全方位的分析，只有這樣才能獲得成功。合法性原則是指談判目標必須符合法律法規，即在談判中談判者不得以強迫手段使對方順從，也不得以其他違法行為迫使對方順從，還不得以提供偽劣產品、過時技術和假資訊等進行談判。

此外，談判者還應當明確談判過程中各具體事項的目標。比如，底價該確定為多少，維持這一底價的盈利目標，以及額外的保險、運輸、安裝、訓練和保養等條件的具體目標。在確定目標時，只有做到統籌兼顧，才能在談判中避免出現因小失大的錯誤。

通常，談判雙方各就各位後，最初的一刻鐘內便可以概略訂出談判的總體框架，但談判不可能在最初一刻鐘內結束。後面的談判將一輪接著一輪，花在辯論和爭執上的時間很長。因此，猶太人往往在談判前就有所準備。

那些進行了詳盡的調查研究並做了充分準備的猶太談判者，他們的亮相分外有力。因為他們了解自己要達到的目標，也能確立對方的期望。如果對方不懂得這種博弈，或是不知道當他經被捲入談判之中時，他們的地位將是極其脆弱的。

總之，猶太人從不打沒有準備的仗。他們認為，如果你沒準備好，就不要進入談判，否則很容易讓對方牽著鼻子走。你應盡一切可能了解對方，知道他的境況如何、問題在哪裡，還有誰是做決定的人。找到有決定權的人，並和他談判，不要和沒有決定權的人員討價還價。總之，在談判前，一定要確立自己的目標，做完調查和準備工作。這是猶太人商業談判制勝的法寶。

6.決定談判輸贏的智慧

商業交往中談判必不可少，對於猶太人來說，他們似乎總是談判場上的勝利者。對猶太人來說，談判的目的不是運用口才和威嚇擊倒對方，而是努力協調雙方的利益並達成協定，如何在談判的角力場上取得最大的利益？用他們的話說，就是「用你的智慧贏得談判」。其實在談判上是有很多技巧可靈活使用。只要運用你的智慧，就可以得到你想要的條件。

避免陷入意氣之爭

當談判進入實質性問題磋商階段，雙方難免會因利益不均衡而產生分歧。這時如果雙方各執一詞，相持不下，一場口舌大戰就要開始，其結果只是破壞了和諧的談判氣氛，甚至是出現僵局或中斷談判。這樣一來，對雙方都是非常不利的。因此，在談判中若產生了歧異，應該採取一些必要措施，避免矛盾繼續擴大，影響談判進行。在談判桌上身經百戰的猶太人，對於平息雙方歧異有自己的一套方法，他們常常利用以下措施來避免或解決不必要的衝突和矛盾。

一，冷靜地傾聽對手的意見

在談判中，應該冷靜面對雙方的分歧和衝突，對於雙方的分歧，切勿感情衝動，要試著從對方的立場去分析問題，並冷靜地聽取對方的發言，一方面表現了對對方的尊重，也是讓自己調整策略、收集對方情報和把握對方意圖的方法。

二，婉轉地提出不同的意見

當對方提出的條件你無法接受時，切忌直接強烈地加以否定，這樣會使對方產生反感。最好是先同意對方的意見，然後從對方的意見入手，找出己方的困難和癥結，進而提出不同的意見去說服對方。

三，跳過分歧的問題

當對方對於爭辯的問題辯解不休時，若持續時間過長，則容易破壞談判的進程。因此，可以避開分歧的問題，先就雙方都能同意的部分進行討論，取得較多共識，在時機成熟以後，再回頭解決這一問題。

四，暫停討論

若在談判中出現太大分歧而使雙方陷入僵局，可以採用休會策略，暫時停止討論。因為所有談判的僵局都離不開利益的衝突，暫停對峙的情緒，給對方內部通融和協商對策的機會，也給自己創造了養精蓄銳的機會。若是陷入馬拉松式的談判，可能導致談判失焦，關注減弱，甚至負責人變動，這些都不利於談判。

態度溫和，控制情緒

棋手對弈時，最忌諱心浮氣躁，在談判桌上也是如此，這是一個心理的角力場，維持心態的平和與冷靜，有助於思考的順暢，反之，若是投入太多的情緒，則耗費精力亦多，無法全神貫注於談判內容。在談判中保持冷靜，可以確保談判不易破裂，也可避免陷入意氣之爭，能夠堅持達成共同的利益。

因為猶太人長久以來處在艱困的環境中，所以他們的處事一般都很溫和，以理服人，也不會恐嚇和威脅別人。他們常以機智、果斷且柔滑的方式進行談判，態度幽默且溫和，即使遇到爭執，也能冷靜的巧用計謀將有利條件保留在己方。

相反的，若是在談判中態度強硬，直接了當、威脅、警告，給對方施加壓力，讓人反感，反而讓人難以接受，使談判陷入困境。就像當年美國總統福特訪問日本時，美國CBS電視網與日本NHK的合作，就曾因為美方太過強硬的表現，差點使合作破局。

1974年，美國總統福特（Gerald Ford）出訪日本，由美國CBS現場直播，當時日本只有NHK有衛星轉播系統，所以CBS若想把福特總統在日本的畫面傳送回美國，就必須與NHK進行合作。

福特出訪前兩周，CBS派出一個談判小組到日本，小組的負責人是一位年輕的高級官員，這位年輕人大模大樣直言不諱地向比他年長很多的NHK主管提出種種不合理要求，比如超出實際需要兩倍的工作人員、車輛及通訊設施等。日本人很惱火，這哪是請人幫忙，分明是來討債。日本人並沒公開表達不滿，只是敷衍了事，不答應也不拒絕。

這下子，一向以播送新聞迅速、全面而著稱的CBS陷入困境，眼看著總統訪日期限將近，而轉播事宜仍未解決。無奈只好由最高主管親自出馬，來到東京重新與NHK會談。他們認真的分析了上次失敗的原因，向NHK道歉，一再誠懇地請NHK協助轉播事宜，NHK也立即轉變態度，與美方達成合作協議，使事情有了圓滿的結局。

猶太人三十六招談判技巧

第一招：以退為進

猶太人在談判中出現的意見分歧和矛盾衝突，總是採取以退為進的策略。對於爭議的問題，可以做出適當的讓步，有時「退一步海闊天空」的局面，在談判中也會出現，雙方在讓步的基礎上，會產生互惠互利的結果。當然，任何讓步都需要付出代價，因此一定要把握好讓步的分寸。有時候，一分一毫的差別就可能決定成敗。

「以退為進」的策略可表現在以下兩方面：首先，為每件事保留一些餘地。如果雙方進行討價還價，不管你報價多少，對方總會認為你會大賺一筆。因此，對於對方所提的任何要求，都不要百分之百地承諾，要讓對方覺得你是做了讓步後才答應他的，這樣，就有理由提出相應的條件了。

其次，讓對方先發言。先弄清對方的意圖和目的，自己則處於冷靜保守的狀態。委婉的話語也是一種讓步，讓步以後，如果想反悔也不要不好意思。

第二招：欲擒故縱

在談判中，猶太人為了達到自己的目的，常常故意不暴露，並設法讓對方放鬆警惕，進而達到控制對方的目的。

第三招：虛張聲勢

猶太人認為，談判中，為了使談判取得成功，可以巧設疑陣、虛張聲勢。可以虛報情報或誇大自己的實力，用來迷惑對方，進而達到牽制對方的目的。但要做得合情合理，不能露出破綻。

第四招：拋磚引玉

猶太人認為，在談判中，運用拋磚引玉這一策略，可以一方主動地擺出種種問題，但又不提出解決辦法，讓對方發表見解。這樣做的好處是，一方面可以達到尊重對方，使對方覺得自己是談判的主角的目的；另一方面，自己又可以摸清對方的意圖，爭取主動。

碰到以下兩種狀況時，不要採用這一策略：其一，是對於寸利必爭、態度強硬的對手，不要輕易採用這一策略。因為對方會覺得這是表現自己的最好時機，反而會乘勢抓住有利因素，展開咄咄逼人的攻勢，你可能會招架不住而陷入不利境地。另一，當雙方出現意見分歧時，這會使對方誤以為你是在故意刁難，沒有誠意合作，進而導致出現僵局。

第五招：投石問路，探聽虛實

猶太人認為，投石問路策略注重於搜集對方的情報。它可以使買主從賣主那兒得到平時不易得到的資料，也可以使賣主從買主一方探聽出買主意圖，知道這些情況之後，將更有利於做出正確的決策和選擇。無論是作為買賣的哪一方，都應該弄清對方的意圖，探聽對方的虛實，做到投石問好路，這對人只會有利而無害。

第六招：最後期限催促成交

猶太人認為，很多談判尤其是複雜的談判，都是在談判期限即將到達前達成協議。因為，當談判的期限越接近，雙方的不安與焦慮感便會日益擴大，而這種感覺在談判的最後一天，將會達到頂點，這也是雙方達成協議的絕好時機。

在談判中，期限會使雙方儘快做出決定，由於時間給人造成的壓力，常使對方改變策略。在商務談判中，巧妙地運用最後期限戰略，能取得談判的成功。對於對方的最後期限限制，不能因為時間緊而輕易地承諾，否則，就只能成為對方期限策略的犧牲品。對於對方提出的不合理期限，只要抗議，期限便可獲得延長，況且對方也不願輕易喪失一次合作機會。

第七招：聲東擊西，巧布機關

猶太人認為，聲東擊西策略是指為達到某種目的和需要，有意識地將洽談的議題引到無關緊要的話題上，轉移對方的注意力，以求實現自己的談判目標。具體做法是，在無關緊要的事情上糾纏不休或在自己不成問題的問題上大做文章，以分散對方對自己真正要解決的問題上的注意力，從而在對方毫無警覺的情況下，實現自己的談判目的。

第八招：巧演「雙簧」，兩副面孔

猶太人在談判中，常常根據情況時軟時硬，最終達到自己的目的。

第九招：沉默無聲，克敵制勝

猶太人在談判中喜歡運用沉默策略，以取得良好的效果。談判開始就保持沉默迫使對方先發言，沉默是處於被動地位的談判者的一種策略，運用沉默策略要注意審時度勢，否則談判效果會適得其反。在運用沉默策略的同時，要注意以下幾方面的問題：實現準備；約束自己的反應；耐心等待。

第十招：以柔克剛，反弱為強

有一位猶太商人說：在談判中，我們並不希望每次談判都充滿火藥味，面對談判對手的高傲和驕橫，如果表示反抗和不滿，對方會更加盛氣凌人，甚至會拂袖而去。在這種情況下，不可理會對方的態度，以忍耐的態度靜觀事態的發展，用忍耐和柔和的方式，磨平對方的棱角，挫其銳氣，使其筋疲力盡之後我方再做出反應，這樣以柔克剛，進而達到反弱為強的目的。

第十一招：以誠感人

猶太人普遍認為：作為一名談判高手，無論如何，在談判中，要做到以誠待人，表現出充滿合作的誠意，那麼，對方會為你的誠意而感動，從而有利於雙方的合作。

第十二招：車輪戰略

猶太人在談判中，常常出於特定的目的，不斷更換談判人員，藉以打亂對方的布局。比如當談判出現僵局時，更換另一名較熟悉情況的談判者以另一種態度去打開局面。或者在談判中，談判員採用連珠炮式的發問法。

第十三招：步步為營

猶太人談判的一個經驗是：談判不是一時半刻就能結束的，它需要一個過程。在這個過程中，談判者要時時提高警惕，穩紮穩打，實行步步為營。在談判中，為了做到步步為營，一定小心行事，事先考慮好對方可能會採取的措施，然後再採取要用的措施。另外還要注意，不能因為怕造成失利而不採取新的策略，看準時機，把握好形勢，大膽運用新策略，是不會有錯的。

第十四招：虛設後台，談判有術

有一位老猶太商人說：當談判對手勢力強大，且佔據優勢，以咄咄逼人之勢和你面對時，談判下去自然是對己方不利的。這時，不妨來個虛設後臺策略，藉口未經上級同意無權承諾，或者說自己的合夥人不同意等理由婉轉拒絕對方的要求，並把責任推到後臺身上，進而爭取在沒有僵局的情況下，暫時停止談判，為自己爭取更多的時間，制定應付的策略。

第十五招：少說多聽，穩中有動

猶太人在談判中，總是讓對方多說話，並耐心地傾聽，從而捕捉到許多資訊。光聽也不是目的，關鍵是在傾聽的同時，找準時機，亮出自己的觀點。

第十六招：原地後退

猶太人在談判中，善用的技巧是：看似自己向對方做出了讓步，實際上自己還是在原地，沒有受到任何損失。

第十七招：走為上策，行之有效

這是猶太人談判人員特別是談判小組主談人對於談判進展不順時，常採用走的策略。一方認為，雙方需要在某種新環境中非正式地見面，用以培養和建立一種信任和坦率的融洽氣氛，也採用走的策略，這對於雙方重新建立一種合作精神是非常有利的。因為如果有充足的時間和機會，能使大家意見較容易地統一起來。

第十八招：緩兵之計

猶太人在談判中，有時為了改變話題，以延緩做出決定，就使用緩兵之計這一策略。

第十九招：適時拒絕

猶太人認為，並不是每筆交易都值得去做，當談判不成功時，及時放棄，向對手表示你的拒絕，這實際上也是一種勝利，因為它避免了一場虧本的生意。

第二十招：妙用交換策略

即使是一名老練的談判專家，有時也不得不做大幅度的讓步。猶太人認為，在生意場上你如果什麼也不想付出，結果肯定是什麼也得不到。談判中妙用交換，實際上是對雙方的互惠互利，這樣透過交換，雙方都以優惠價得到了自己需要的東西。

第二十一招：攻擊要塞

猶太人認為，在正式談判中，參加者往往不止一個，針對這種「以一對多」或「以多對多」的談判，最適合採用「攻擊要塞」策略。

第二十二招：先發制人

猶太人在談判中常常先主動發起語言力量迅猛的攻勢，由於情勢突然，常會令對手倉皇應戰，暴露虛實，從而掌握主動權。這一策略在具體運用時，常採用「無疑而問」、「有疑而問」這兩種常用的方式。

第二十三招：得寸進尺

猶太人認為，當交易雙方進行合作，雙方都已投入過多時，可以本著互惠互利的原則，而向己方的利益更推進一步。這實際上是又邁出了創造性的一步。對雙方來說，都是一種額外的收益。

第二十四招：「換檔」

猶太人常常在某個關鍵時刻，使用突然改換談判人員的一種策略。這種策略一般用於當談判出現低潮的時候。

第二十五招：文件戰策略

猶太人認為，談判中，過多的言辭說教，有時候反而不如一張資料表或一份資料卡起的作用大。談判中人們往往注重科學的證據，無形之中對檔產生了種種信任，所以打檔戰也很必要。

第二十六招：百般刁難

在談判中，猶太人有時會向對方提出許多附加條件或無理要求百般刁難對方，把對方搞得精疲力竭，無計可施，被迫做出妥協和讓步。

第二十七招：以毒攻毒

猶太人認為，對於對方的百般刁難和無理取鬧，我們不能心慈手軟，應當以毒攻毒，以牙還牙，打擊對方的囂張氣焰，使對方不敢輕視于你，然後才有可能在平等的基礎上進行交易。

第二十八招：再試一次

猶太人認為，生意場上的談判不是每次都能成功的，對於失敗的談判，只要還有一線希望，就要敢於再試一次。「好馬可吃回頭草」，在談判中也未必是不可的。

第二十九招：情感溝通

猶太人認為，如果與對方直接談判的希望不大，就應當採取迂迴的策略。所謂迂迴的策略，就是先透過其他途徑接近對方，彼此了解，聯絡感情溝通情感之後，再進行談判。人都具有七情六欲，滿足人的感情和欲望，是人的一種基本需要。因此在談判中利用感情的因素去影響對手，是一種可取的策略。

第三十招：注重聲譽

猶太人認為，對每一個談判者所代表的企業來說，注重聲譽都是一個長遠的發展策略。因為對於一個聲名狼藉的企業，別人是不敢也不願意與其進行交易的，因為人們都注重直接的經濟效益，而不希望被對方所蒙蔽或拖累。所以一個注重聲譽的企業，以它的取信于民的權威，就足以使其他企業願意與它交易。

第三十一招：先苦後甜

猶太人認為，在日常生活中，人們對來自外界的信號刺激，總把先入的信號作為標準用來衡量後入的信號。先苦後甜的策略，正是建立在人們這種心理變化基礎上。在談判中，先給對方提出全面苛刻的條件，造成一種艱苦的局面，恰似給對方一個苦的信號，在這一先決條件下再做出讓步，讓對方感到欣慰和滿足。

第三十二招：暴露缺點

猶太人認為，世上萬物沒有一件是十全十美的，同樣，你的計畫專案、談判條款、產品也都不是完美無缺，對於缺點和不足，我們不要迴避它，坦蕩地告訴對手，也許更能贏得對方的信任和尊重。

第三十三招：吹毛求疵

猶太人認為，通常情況下，面對買方「横挑鼻子豎挑眼」所提出來的一大堆問題和要求，賣方的自信心就會動搖，面對擺在面前的不可解決的現實問題，在無可奈何之中，買方只好做出讓步。

第三十四招：原價銷售

一位猶太商人說，在競爭日趨激烈的生意場上，有時為了打開缺口，我們不得不先隱藏起賺錢的目的，從長計議，做好長遠的打算。我們可以採用原價銷售法，以不贏利的價格，把商品售賣給對方，使對方在滿意的基礎上，成為你的經常客戶。

第三十五招：化敵為友

猶太人認為，生意場上，沒有永恆的敵人和朋友，永恆的只有利益。有時，競爭對手也能透過談判成為盟友，以前的對峙和矛盾都一筆勾銷了。

第三十六招：反敗為勝

猶太人認為，在談判中，能做到善於放棄是一種明智之舉。由於並非每一次談判都有成功的結局，對於失敗的談判，成功的談判者是敢於面對它的，並且他會認為，這種失敗談判的嘗試，是對自己非常有益的，只有這樣，他才有可能從失敗中站起來，勇敢地迎接下一次談判的挑戰。因為他深信「只有戰勝了自己，才有可能征服全世界」。這也是一種心理上的戰術。

國家圖書館出版品預行編目資料

傑出猶太人枕邊書 / 陳大為編著．——初版——新北市：
晶冠，2018.09
面；公分．——（智慧菁典系列：11）

ISBN 978-986-96429-4-1（平裝）

1. 成功法　2. 生活指導　3. 猶太民族

177.2　　107013222

智慧菁典　11

傑出猶太人枕邊書

作　　者　陳大為
副總編輯　林美玲
特約編輯　李美麗
校　　對　謝函芳
封面設計　王心怡
出版發行　晶冠出版有限公司
電　　話　02-7731-5558
傳　　真　02-2245-1479
E-mail　ace.reading@gmail.com
部 落 格　http://acereading.pixnet.net/blog
總 代 理　旭昇圖書有限公司
電　　話　02-2245-1480（代表號）
傳　　真　02-2245-1479
郵政劃撥　12935041 旭昇圖書有限公司
地　　址　新北市中和區中山路二段352號2樓
E-mail　s1686688@ms31.hinet.net
旭昇悅讀網　http://ubooks.tw/
印　　製　福霖印刷有限公司
定　　價　新台幣299元
出版日期　2018年09月 初版一刷
ISBN-13　978-986-96429-4-1